Die Pastoralbriefe

Ein Auslegungsversuch der Briefe des Apostels Paulus
an seine Schüler und Mitstreiter Timotheus und Titus

von

Helmut Steitz

Herstellung und Verlag:

BoD – Books on Demand, Norderstedt

ISBN: 978-3-7460-9220-1

Printed in Germany

Inhalt

Vorwort

In den sogenannten Pastoralbriefen[1] des Paulus eröffnet uns Helmut Steitz leichten Zugang zu köstlichen Perlen des christlichen Gemeindelebens durch gesunde Lehre, ausgewogene Verwaltung und kraftvollem Dienst.

Mit einer wunderbaren Frische und Relevanz nimmt er den Leser mit hinein in die Schatzkammern Gottes und präsentiert ein Dienst-Manual für das Amt des Pastors, für seine Qualifikationen und Pflichten. Jeder, dem die Gemeinde Jesu am Herzen liegt, wird in diesem Kommentar auf eine Fundgrube stoßen, die ihn einlädt, Faszination Gemeinde besser zu verstehen, zu genießen und mitzumachen.

Dieses Buch ist ein Ruf zum Aufbruch. Helmut Steitz, mein lieber Freund und Mitglied der Volksmissions-Gemeinde in Geislingen/Steige, will aufzeigen, dass wir hier eine inspirierende Kombination des erhabenen Glaubens im Geheimnis der Gottseligkeit antreffen, gepaart mit profunder praktischer Weisheit zur Führung einer geisterfüllten Gemeinde. Genau, was unsere, etwas verrutschte Zeit braucht, nämlich einen gottwohlgefälligen Gottesdienst, gesundes Unterscheidungsvermögen und ein Leben in der Hingabe an Christus.

Ich wünsche diesem wichtigen Buch eine weite Verbreitung.

Herbert Ros

---

[1] P. Anton gab den Briefen an Timotheus und Titus im Jahre 1726 den Namen "Pastoralbriefe"

Der Schreiber

Paulus = lat. der Kleine, Geringe, Niedrige.

Saul von Tarsus in Zilizien, trug, wie es in neutestamentlicher Zeit häufig üblich war, den zweiten, römischen Namen Paulus. Er hatte von seinem Vater das römische Bürgerrecht geerbt und besaß somit die jüdische und römische Staatsbürgerschaft. Aus frommem, jüdischem Hause stammend, wurde er ein strebsamer Schüler der Thora. Er war stolz auf seine hebräische Abstammung, auf die Zugehörigkeit zur Gemeinschaft der Pharisäer, sowie auf seine Gerechtigkeit und seine Arbeit innerhalb der jüdischen Gemeinde. (vgl. Phil.3,5-6) Paulus war durch und durch Jude. Und er hätte jeden für verrückt erklärt, der ihm gedeutet hätte, dass ausgerechnet er einer der wichtigsten Führer der sogenannten Sekte der Nazarener werden würde. Sein damaliger Lehrer hieß Gamaliel (Apg22,3) und war einer der berühmtesten Rabbiner seiner Zeit.

Im Alter von kaum dreißig Jahren wohnte Saul zum ersten Mal in der Ausübung seines Amtes einer Steinigung eines Christen bei, um ihren ordnungsgemäßen Vollzug zu beaufsichtigen. (Apg.7,57) Eine solche Aufgabe durfte nur von einem voll ausgebildeten Schriftgelehrten ausgeführt werden.

Durch die Steinigung des Stephanus wurde Saul in dem Glauben bestärkt, diese Sekte und deren falsche Lehren, dass der vor kurzem hingerichtete Jesus von Nazareth tatsächlich der von Gott verheißene Messias war, durch Verfolgung und wenn nötig auch Tötung dieser irrgläubigen Menschen, zum Stillstand zu bringen sei. Ausgerüstet mit der Bevollmächtigung durch den Hohenpriester machte sich Saul mit einer Schar Bewaffneter zur Verfolgung bzw. Verhaftung der Christen weiter nach Damaskus auf. Dicht an Damaskus herangekommen, umstrahlte ihn plötzlich um die Mittagszeit ein helles Licht vom Himmel.

Eine Stimme fragte den zu Boden gesunkenen: „Saul, Saul, was verfolgst du mich?" Auf seine Gegenfrage: „Wer bist du, Herr?" sprach die Stimme: „Ich bin Jesus, den du verfolgst!" Als er sich erhob, um nach Damaskus zu gehen, musste er feststellen, dass er erblindet war. Als völlig gebrochener Mensch führte man ihn in die Stadt, wo er zuerst drei Tage unter Gebet und Fasten das Erlebte zu begreifen und zu erfassen suchte. (Apg.9,3-9) In diese Stille sandte Gott am dritten Tag den Christen Ananias, welcher ihm in Gottes Auftrag verkündete, dass ausgerechnet er, der vorher nur das Ziel der Auslöschung dieser Sekte kannte, von Gott als sein Werkzeug, zur Verkündigung und Verbreitung des Evangeliums von Christus unter den Heiden auserkoren war. Ananias legte Saul die Hände auf, worauf dieser sofort wieder sehend wurde und führte ihn in die christliche Gemeinde von Damaskus ein. Dort ließ sich Saul auch taufen.

Durch diese Christusbegegnung brach in Saul alles zusammen, was er ursprünglich für heilig und erstrebenswert hielt. Von diesem Moment an wurde Jesus Christus ihm zum Mittelpunkt des Lebens und somit seines ganzen Denkens und Handelns. Entschieden ging er nun gegen jede Praxis oder Lehre vor, die nicht diesen Christus zum Mittelpunkt hat, egal, ob dies Auseinandersetzungen bedeutet, oder nicht. Er gründete neue Gemeinden und war für bestehende die tragende Säule, wenn diese aufgrund vieler Meinungsverschiedenheiten zu zerbrechen drohten. Sein von vielen Dornen und menschlichem Unrecht durchsetzter Weg endete in römischer Gefangenschaft, aus der er aber - den Pastoralbriefen zufolge - noch einmal frei wurde und Griechenland, Kreta und Kleinasien besuchte.

Nach der Überlieferung der römischen Gemeinde, wurde Paulus unter Nero durch das Schwert hingerichtet.

Die Empfänger

Timotheus = Ehre Gott

Er war einer der treuesten Mitarbeiter des Paulus und führte viele und wichtige Aufgaben im Auftrag des Apostels aus. Beide begegneten sich zum ersten Mal in Lystra, als Paulus auf seiner zweiten Missionsreise dorthin kam (Apg.16,1). Der Vater des Timotheus war Grieche, wird aber in der Bibel namentlich nicht erwähnt. Seine Mutter, Eunike (vgl.2.Tim1,5), war Jüdin. Als Sohn einer jüdischen Frau war Timotheus dem Gesetz der Beschneidung untergeordnet. Da diese bis zur Begegnung mit Paulus noch nicht vollzogen war, beschnitt ihn Paulus, damit er bei den Juden keinen Anstoß erregte. (Apg.16,3)

Mit Timotheus als neuen Begleiter zogen Paulus und Silas dann durch Kleinasien nach Mazedonien. Paulus verließ Mazedonien und ging nach Athen. Timotheus und Silas ließ er zurück. Nach einem Wiedersehen in Athen, sandte Paulus seinen Mitarbeiter noch einmal nach Thessalonich zurück.

Eine Zusammenarbeit, Seite an Seite war erst später in Korinth wieder möglich (vgl. Apg.17,14; 18,5; 1.Thes.3,1-2; 2.Kor.1,19). Auch auf der dritten Missionsreise des

Paulus war Timotheus sein Begleiter, jedoch ging er nicht mit ihm nach Rom. (Apg.27,2) Timotheus besuchte Paulus später dort, wie wir aus Kol.1,1 und Phim.1 ersehen können.

Als Paulus den ersten Brief an seinen Mitarbeiter schrieb, befand sich dieser in Ephesus. (1.Tim.1,3) Timotheus sollte dort vieles in Vollmacht ordnen, was dem offensichtlich noch jungen Mitstreiter nicht immer leicht gemacht wurde. (1.Tim.4,12) Paulus schätzte Timotheus sehr. Denn ihm sandte er sein geistliches Testament, und nach ihm hatte er in seiner zweiten römischen Gefangenschaft Verlangen. Deshalb rief er ihn von Ephesus nach Rom. (2.Tim.4,9-21)
Timotheus führte das Amt eines Evangelisten aus (2.Tim.4,5). Für dieses Amt war er durch Weissagung bestimmt worden und hatte dazu besondere Gaben durch Handauflegung des Paulus und der Ältesten empfangen (1.Tim1,18; 2.Tim1,6). Seine Mutter und seine Großmutter, mit Namen Lois, führten ihn schon von Jugend an in die Kenntnisse der Schrift ein (2.Tim.1,5; 3,15). Seine weitere geistliche Formung geschah vor allem durch Paulus.

Titus

Über diesen Mitarbeiter, den Paulus für wichtige Aufgaben einsetzte, wird uns zunächst nichts berichtet. Eine Theorie besagt, dass Titus der Bruder des Lukas gewesen sei, und daher nicht erwähnt wurde. Dies bleibt aber pure Spekulation.

Im Galaterbrief tritt Titus zum ersten Mal in Erscheinung, indem er als Heidenchrist Paulus nach Jerusalem begleitete (Gal.2,1). Anschließend sandte ihn Paulus nach Korinth, wo in der dortigen Gemeinde völlig verwirrte Zustände herrschten. Titus gelang, was Paulus selbst nicht erreichte. Denn als sie sich in Mazedonien wieder trafen, konnte Titus berichten, dass in Korinth wieder alles geordnet sei (2.Kor.2,13; 7,6,13+14). Paulus erteilte Titus danach den Auftrag, seinen zweiten Brief an die dortige Gemeinde zu überbringen. Später erfahren wir, dass Titus von Paulus auf Kreta zurückgelassen wurde, damit er die dortige Gemeinde ordnete (Tit.1,5).

Paulus, der seinen Mitarbeiter als „Sohn unserer beider Glauben" bezeichnete (Tit.1,4), schätzte Titus sehr. Immer wieder setzte er ihn ein, um die Gemeinden von Irrwegen wieder auf den rechten Weg zu führen, was Titus auch immer wieder von Neuem gelang. (vgl.2.Tim.4,10)

Der erste Brief des Paulus an Timotheus

Die drei Briefe, welche Paulus an Timotheus und an Titus richtete, wurden und werden als *Pastoralbriefe* bezeichnet. Sie unterscheiden sich in dreifacher Hinsicht zu den anderen Paulusbriefen:

1. Sie gehören zu den letzten, von Paulus verfassten Briefen und spiegeln die Sorgen und Anliegen des Apostels, am Ende seines Missionsdienstes.

2. Sie sind ausdrücklich an keine Gemeinde, sondern an zwei junge Männer gerichtet, welche pastorale Funktionen in den jungen Gemeinden innehatten. Selbstverständlich wurde der Inhalt der Briefe auch in den dortigen Gemeinden verlesen, aber die Empfänger waren zunächst die Schüler des Paulus selbst.

3. Alle drei Briefe sind sehr persönlich und gleichzeitig praktisch gehalten. Sie befassen sich mit Angelegenheiten der Kirchenordnung, auf die Paulus bisher noch nie explizit eingegangen war.

Klärung der Verfasserfrage

Jeder der drei Briefe wird durch den klaren Hinweis eingeleitet, dass Paulus der Verfasser der folgenden Zeilen ist.

Liberale Gelehrte jedoch begannen im frühen 19. Jahrhundert die Verfasserschaft des Paulus anzuzweifeln.

Diese Lehrmeinung ist in diesen Theologenkreisen bis heute vertreten. Dort geht man davon aus, dass nicht Paulus selbst, sondern einer seiner Anhänger, ein bis zwei Generationen nach Paulus, diese Briefe schrieb.

Wäre dies so, dann hätten wir in der Bibel nicht die Lehre des Paulus selbst niedergeschrieben, sondern die, seiner Nachfolger!

Doch, für alle ins Feld geführten Argumente, welche Paulus als Verfasser der Briefe ablehnen, stehen alle wichtigen paulinischen Themen entgegen.

Die dabei unterschiedlich auftretenden Behandlungen der Probleme, lassen sich zum Einen durch den unterschiedlichen Charakter der Briefe, sowie die unterschiedlichen Gemeindesituationen erklären!

Kap.1:

V.1:

Paulus stellt sich, wie in fast all seinen Briefen üblich, als Verfasser zunächst vor und nennt auch gleichzeitig seine Amtsbezeichnung.

Apostel = Abgesandter, Bote

Paulus selbst war nicht aus eigenem Entschluss in dieses Amt gekommen, sondern hatte es durch einen göttlichen Befehl übernommen (vgl. Gal.1,11-2,2).

Diese „Berufung durch den Willen Gottes" hebt der Apostel auch in mehreren seiner anderen Briefe hervor (1.Kor.1,1; 2.Kor.1,1; Eph.1,1).

Dies tat er nicht etwa, um sich über andere zu stellen, sondern deshalb, weil er seine Autorität, die ihm von Gott dem Vater und Gott, dem Sohn verliehen war, immer wieder gegen Angriffe verteidigen musste.

Die Bezeichnung „unseres Heilandes = Retters, wird in den Pastoralbriefen häufig verwendet (1.Tim.2,3; 4,10; Tit.1,3).

Ferner nennt der Verfasser Jesus Christus als unsere Hoffnung.

Diese Aussage unterstreicht die Tatsache, dass niemand als Jesus Christus selbst, die Erfüllung des Heilsplanes Gottes darstellt (vgl.Kol.1,27).

V. 2:

Auch wenn der Brief zweifellos dazu bestimmt war, laut vor der Gemeinde in Ephesus verlesen zu werden, so ist er doch zuerst an Timotheus gerichtet.

Paulus war es zwar nicht selbst gewesen, der Timotheus zum Glauben an Jesus Christus geführt hatte (vgl.2.Tim1,5), jedoch war er es, der den jungen Missionar „ordiniert" hatte (vgl.2.Tim.1,6). Somit nahm Timotheus einen besonderen Platz im Herzen den Paulus ein.

Auch an Timotheus ergeht die übliche Grußformel des Paulus: Gnade, Barmherzigkeit, Friede.

V.3:

Paulus hat Timotheus bereits mündlich gebeten in Ephesus zu bleiben. Durch diesen Brief drängt er Timotheus förmlich zum zweiten Mal. Offensichtlich stand Timotheus kurz bevor, die Gemeinde in Ephesus zu verlassen, um Paulus auf seiner Reise zu begleiten. Die Aufgabe des Zurückbleibenden war es, einigen in der Gemeinde, die andere Lehren (vgl.1.Tim.6,3) als die Paulinische vertraten, Einhalt zu gebieten.

V.4:

Diese falschen Lehren orientierten sich an Fabeln und Geschlechtsregister.

Was es genau damit auf sich hatte, wird nicht ausgesagt, jedoch ist am ehesten davon auszugehen, dass der Ursprung aus dem Judentum stammte (vgl. Tit.1,14). Es ging dabei wohl um die jüdischen Reinheitsvorschriften. Damit wollten sich diese Irrlehrer vor alle anderen stellen und diese somit aus der Gemeinde ausgrenzen.

Da dies alles aber nur zu puren Spekulationen und zu Streitigkeiten führt, sind sie zu vermeiden, weil sie dem Ratschluss Gottes nicht dienen. Dieser kann allein durch den Glauben, und nicht durch Menschliche Vorstellungen begriffen werden.

Der Vers endet mit einem für Paulus typischen Satzbruch (Andere Bsp.: **Rö.2,17; 5,12; 8,12; 9,22; Gal.2, 4).**

Zu beachten ist:

Paulus hatte dafür Sorge getragen, dass er weiterziehen konnte.

Jede(r) Mitarbeiter(in) muss im wahren Glauben gegründet und weise sein!

Jede(r) Mitarbeiter(in) soll prüfen, was Jesus dient und den anderen (V5).

V.5:

Anders, als ziellose Vorstellungen und Grübeleien, zielt die Anweisung des Paulus an Timotheus auf die vollkommene Liebe, welche die "Erfüllung" des Gesetzes ist. **(Rö.13,10; Mt.22,37-40)**
Diese Liebe ist Ausdruck einer Reinheit und Integrität, und entspricht dem Urbild der Liebe Gottes.

Ein reines Herz (= Sitz des Willens!) und gutes Gewissen (gereinigt durch Jesus: Hebr. 9,14) bedeutet, dass auf die Reinheit der Motive großer Wert gelegt wird. Diese Reinheit ist nur in dem Maß in uns, in dem wir Jesus in unserem Leben Raum geben und dafür unser eigenes Leben (Vorstellungen, Gedanken) abgelegt haben.

Gottes Wahrheit reinigt den Geist des Menschen, eine Irrlehre hingegen lässt ihn verkommen!

V.6:

Durch das Verlassen dieser Liebe (s. **V.4-5**) sind einige abgeirrt (wörtl: verfehlten das Ziel) und haben sich bewusst oder unbewusst von dieser Liebe abgewandt.

Das Resultat ist unnützes, leeres Gerede. Daher ist ihre Lehre nichtig und nutzlos.

<u>Mögliche Gründe</u>: Unwissenheit, keine Standhaftigkeit bei Trübsal, Verfolgung oder Sorgen, sowie durch den Betrug des Reichtums **(Mt. 13,21-22; Spr. 12,15; 21,2; 26,12)**

V.7:

Sie spielen sich zu Kennern der Gesetzeslehre auf, ähnlich den jüdischen Rabbinern. Aber, im Grunde haben sie keine Ahnung von was sie reden, ja sogar anmaßende Behauptungen aufstellen. Paulus erkennt, dass hier eine ernste Gefahr für die Gemeinde besteht, da sie viele täuschen und irreführen können.

Um ein Lehrer zu sein, braucht man göttliche Erleuchtung **(Apg.9)**, göttliche Berufung **(Eph.4,11)** sowie eine Bestätigung geistlicher Leiter **(Gal.2,9).**

V.8:

Mit "wir" meint Paulus gut unterrichtete und geistgetaufte Gläubige. **(1.Joh.2 27)**

Und damit seine abfälligen Äußerungen über die Möchte-Gern-Lehrer des Gesetzes nicht falsch verstanden werden, unterstreicht Paulus hier eindeutig, dass das mosaische Gesetz „gut" ist.

Denn durch das Gesetz wird das Evangelium unterstützt und ergänzt, indem es alles verbietet, was der heilsamen Lehre entgegengesetzt ist.

Der Fehler liegt nicht bei Gott, sondern bei all denen, die sein Gesetz nicht so anwenden, wie Gott es beabsichtigt hat. Denn Gottes Plan war und ist es, durch das Gesetz die Übeltäter zu überführen.

Da der Gerechte (Aufrichtige, Ehrliche, Anständige) aus Glauben (**Hab.2,4**) lebt, (Gewissen + Hl. Geist), ist für ihn die akribische Anwendung des Gesetzes überflüssig. *Denn für einen Gläubigen ist es eine Selbstverständlichkeit, die gesetzlichen Bestimmungen(und mehr) zu erfüllen, da er das Gesetz (die Gerechtigkeit) in seinem Herzen trägt.*

Mit „Übeltäter" sind all jene gemeint, denen sittliches Bewusstsein und die Ehrfurcht vor Gott nichts sagen. Sie lehnen die Heiligkeit Gottes ab, sind weder um das Wohl der Familie besorgt, noch um zwischenmenschliche Beziehungen.

Aufrichtigkeit und auch sexuelle Reinheit sind ihnen fremd.

Die Folge hieraus ist ihr Lebenswandel, den Paulus kategorisch ablehnt.

V. 9-10:

Der Sinn des Gesetzes ist es, den Menschen ihre Sündhaftigkeit vor Augen zu führen. Daher ist das Gesetz nicht für diejenigen gemacht, welche bereits ihre Sünden erkannt und sich zu Jesus Christus bekannt haben. Wer sich zu ihm hingewandt hat, steht nicht länger unter dem Gesetz, sondern wandelt von nun an im Geist (vgl.5,13-26).

Mit der weiteren Darstellung, die er bewusst an die Zehn Gebote anlehnt, nennt Paulus hier ungeschminkt die einzelnen Übertretungen, in ihren schlimmsten Auswüchsen.

In den **Vatermördern** und **Muttermördern** ist die äußerste Steigerung der Verletzung des fünften Gebots erreicht. In den **Mördern (Totschlägern)** die des sechsten Gebots.

Unzüchtige: Hurer (NKT), Unzucht = jede Art des außerehelichen Geschlechtsverkehrs.

Knabenschänder (Männerschänder; NKT); bezieht sich auch auf das weibliche Geschlecht! **(vgl.Rö.1,26-28)**

Menschenhändler = die schlimmste Form des Stehlens.

Somit bezieht sich diese Aussage auf das achte Gebot.

Lügner, Meineidige = "Falschschwörer"
Hier beruft sich Paulus auf das neunte Gebot.

Was den Prinzipien der Gesetze und Gebote Gottes entgegensteht ist automatisch entgegen dem Evangelium Gottes!

V.11:

Der Maßstab des Paulus für „heilsame Lehre" ist das Evangelium, die Gute Nachricht in Christus, welche dem Apostel anvertraut ist (vgl.1.Thes.2,4; Tit.1,3). Denn nichts anderes hat er in Ephesus verkündigt.

V 12:

Die Aufzählungen von Sündern, unter welchen er, Paulus selbst, der größte ist, verbunden mit dem Gedanken an das Evangelium, welches ihm anvertraut ist, lässt in Paulus an dieser Stelle des Briefes eine tiefe Dankbarkeit aufsteigen. Die Dankbarkeit erwächst aus der Tatsache, dass Gott den einst sündenbeladenen Paulus mit allen nötigen

Fähigkeiten ausgestattet hat und ihn in ein solch besonderes Amt eingesetzt hat (vgl.Phil.4, 13).

Kraft (wörtl. dynamis) = auch Macht (Vollmacht od. *Größe*)

V.13:

Dies ist für ihn umso wunderbarer, da er sich genau daran erinnert, in welcher persönlichen Lage ihn der Ruf Gottes getroffen hat.

Die Feststellungen, die Paulus über seine Vergangenheit aufzählt, sind keinesfalls übertrieben, oder gar Effekthascherei (vgl. Apg.22,4-5; 19-20; 26, 9-11).

Interessant ist, dass wir keine anderen Schuldigen finden, zum Beispiel die *Eltern*, Lehrer, *Ehefrau* etc. ..., nur eine: Unwissenheit im Unglauben und zwar Unglauben, *was Jesus Christus betrifft*, und somit auch an Gott!!

Wissentlicher Ungehorsam ruft Gottes Zorn hervor (vgl.4.Mo.15,22-31), doch mit dem unwissenden Sünder verfährt Gott gnädig!! (vgl.Hebr.5,2)

V.14:

Deshalb wurde dem Paulus die Gnade (= unverdientes Geschenk) Gottes zuteil.
Wo einst nur Unglaube war, schenkte Gott ihm in Jesus Christus den Glauben.
Wo heftige Gegnerschaft gegen Gott und sein Volk geherrscht hatte, herrscht nun die **Liebe Jesu Christi**!

Und zwar in einer solchen überströmenden (= wörtl. Überreichlich vorhanden) Dimension, die den Apostel nun zu seinem Liebesdienst ausgerüstet und gestärkt hat (vgl. V 12).

V.15:

In diesem Vers legt der Apostel Zeugnis über die Menschwerdung Jesu ab!

Denn Jesus Christus ist nicht nur in diese Welt gekommen, um den Menschen zu zeigen, dass sie nicht allein gelassen sind, sondern, er kam, um **Sünder zu erlösen**!

Da Paulus nach eigenem Bekunden der Erste unter diesen Sündern ist, weiß er sehr wohl, von was er redet!

Die durch Gottes Gnade und Liebe in Jesus Christus Mensch gewordene Vergebung und Rettung der Menschen, ist die Wahrheit, und nichts, als die Wahrheit und somit des Glaubens wert!

V.16:

Letztlich geschah auch die Rettung des Paulus selbst in dieser einen großen Absicht: Gottes Heilsplan für alle Sünder deutlich zu machen!

Als der Erste unter den Sündern verkörpert Paulus sozusagen den Extremfall.
Wenn Gott so geduldig und gnädig war, ihn zu retten, dann ist er dies auch mit jedem anderen!
Der Prototyp Paulus ist das beste Beispiel hierfür!

Der erste der Sünder wurde zum ersten der Heiligen.
Gottes größter Feind wurde sein bester Diener.
Das Beispiel des Paulus ist für andere Grund genug, genau wie er, ihr Vertrauen auf denselben Retter zu setzen, und somit ewiges Leben zu erlangen.

V.17:

Die Aussage „König der Zeitalter" unterstreicht die Souveränität Gottes über die menschliche Geschichte.

Gottes Ewigkeit und Geistigkeit hebt der Apostel hervor mit der Aussage des „unvergänglichen" und „unsichtbaren" (für das menschliche Auge!) Gottes!

Und Paulus bezeugt, dass dieser Gott einzig und allein Gott ist!
Diesem einen und einzigen Gott gebührt die Ehre und der Lobpreis in alle Ewigkeit!

Und noch einmal unterstreicht Paulus das soeben gesagte mit der entsprechenden Beteuerungsformel:

Amen: = Wahrlich = so ist es (in Wirklichkeit)!!

V.18:

Paulus wiederholt seine Anweisungen an Timotheus, der sich in der Gemeinde zu Ephesus aufhält, und erinnert ihn erneut an den Auftrag, welchen er ihm in Vers 3 gab. Gleichzeitig ermutigt er seinen Weggefährten, indem er ihn an das erinnert, was zuvor über ihn geweissagt wurde.

Diese Weissagungen zeichneten Timotheus als einen Menschen aus, der von Gott zu einer besonderen Aufgabe erwählt worden war.

Wer diese Weissagung aussprach, wird uns nicht genannt. Jedoch war Paulus dadurch neu bestärkt, dass Timotheus der richtige Mann am richtigen Platz war und seine Aufgabe Gott gemäß erfüllen würde!

Diesem Kampf der Irrlehren in rechter Weise zu begegnen, verwendet Paulus hier die Metapher aus dem Bereich des Sports.

V.19:

Im Gegensatz zu Eph.6,10-17, wo Paulus die Ausrüstung des geistlichen Kämpfers genau beschreibt, erwähnt er hier nur zwei „Waffen", die immer miteinander verbunden zu sein scheinen (vgl.V.5).

Es handelt sich um den Glauben und das gute Gewissen!

Da einige in Ephesus das gute Gewissen von sich gestoßen haben (= willentlich dagegen entschieden!), haben diese auch im Glauben Schiffbruch erlitten.

Aus diesem Versagen heraus entstanden die Irrlehren, die in Ephesus überhandnahmen und der viele verfallen sind.

V.20:

Zwei Männer hebt Paulus in diesem Zusammenhang im Besonderen hervor: Hymenäus: (2.Tim.2,17+18) und Alexander.

Ob es sich hierbei um den in Apg.19,33 und 2. Tim.4,14 benannten Schmied handelte, ist nicht zweifelsfrei zu klären.

Beide waren in den Augen des Paulus solche Gotteslästerer, dass er sie dem Satan übergeben hatte (vgl.1.Kor.5,5; Jak.2,6).

Mit dieser Redewendung scheint ein Ausschluss aus dem Schutz der Gemeinde gemeint, und damit eine Auslieferung an die von Satan beherrschte Welt (vgl.2.Kor.4,4)

Diese Exkommunizierung diente dazu, die beiden Abtrünnigen zu züchtigen und die Gemeinde vor weiterem Schaden zu bewahren.

Diese Züchtigung wiederum soll zur Heilung des Übels, und nicht zur Bestrafung der Beiden dienen (vgl.2.Kor.2,5-8; 2.Thess.3,14-15)!

Kap. 2:

V.1:

Von der Auseinandersetzung mit den falschen Lehrern wendet sich Paulus nun Dingen zu, welche das Gemeindeleben im Allgemeinen betreffen.

Beginnend mit dem, was ihm am allerwichtigsten ist, ermahnt er, das Gebet an erste Stelle zu stellen!

Leider hat dies bei vielen Christen nicht oberste Priorität, sondern rangiert an letzter Stelle.

Die hier von Paulus beschriebenen Gebetsformen, Bitten, Fürbitten und Danksagungen, stellen dabei keinen festen Ablauf einer Gebetsfolge dar.

Sie sind vielmehr als eine Steigerungsform zu verstehen, die in jeder Versammlung einer Gemeinde und auch im Gebet des Einzelnen seinen festen Platz haben sollten.

V.2:

Ein besonderes Anliegen ist es Paulus hierbei, für alle Menschen, besonders jedoch für die Obrigkeiten betend einzustehen.

Allem Anschein wurden die Menschen, die sowohl in Politik oder auch in den Gemeinden Verantwortung tragen, bei Gebeten gerne ausgeklammert oder unwillentlich vergessen.

Zwar gibt Paulus hier keine genauen Vorgaben, wie diese Gebete seiner Meinung nach formuliert werden sollen, aber es ist ihm ein Herzensanliegen, durch eintretendes Gebet für die Herrschenden Gottes Gnade, Weisheit und Beistand zu erbitten.

Er wusste durch seine Gefangenschaft in Rom, die er erst vor kurzem verlassen durfte, was es für die Christen bedeutete, unter einer Herrschaft wie die des Nero zu leben.

Und auch er sah, dass unter diesem Machthaber die Verfolgung der Gemeinden immer mehr zunahm.

Damit aber das tolerante und stabile Klima früherer Zeiten wieder hergestellt werden möge, erbittet Paulus hier in besonderer Weise das Einstehen für die Obrigkeiten im Gebet.

Diese Gebete sollen mit der gebührenden Ehrfurcht vor Gott und dem angemessenen Sinn der Situation geschehen.

V.3:

Auch in der Gemeinde zu Ephesus stellten offenbar einige das Gebet zur Rettung der ganzen Menschheit infrage.

Deshalb bekräftigt der Apostel, dass ein solches Eintreten vor Gott in dessen Augen wohlgefällig und richtig ist, da es mit dem Willen des Retter-Gottes übereinstimmt!

V.4:

Und diesen Willen Gottes macht Paulus hier unmissverständlich deutlich: Es geht unserem Retter darum, nicht nur einige wenige, sondern alle Menschen zu erretten und darum, dass sie die einzige Wahrheit erkennen, und somit frei von all dem werden, was sie von diesem Retter trennt (vgl.Joh.8,31-36).

V.5:

Unmissverständlich bekundet Paulus hier die Lehre des Monotheismus: **Es gibt nur einen einzigen Gott**!

Alles andere sind Götzen.

Und weiter bestätigt der Apostel die Lehre Jesu Christi: Es gibt nur einen Weg, um zu diesem einen Gott zu gelangen (vgl.Joh.14,6)!

Fazit:

Es gibt keine anderen (Ver-) Mittler (Maria, "Heilige",
Mohammed, etc)

In Mose hatte das Volk Israel den "Mittler des Gesetzes"
(Gal.3,18)

In Christus hat die Gemeinde und die Welt den Mittler
der Gnade und des Lebens. **(Hi.9,33)**.

V.6:

Denn dieser Jesus hat sich selbst als Kaufpreis (Lösegeld)
dafür hingegeben!

Wir waren alle Sklaven der Sünde, bis Jesus Christus sich
selbst als Kaufpreis dafür hingab, und uns mit seinem
Leben, Sterben und Auferstehen von der Sünde
loskaufte (vgl. Mt.20,28; Mk.10,45).

Diese Tat war ein klares Zeugnis für den Wunsch Gottes,
alle Menschen zu erretten!

Nun ist es an uns, ob wir dies Angebot Gottes annehmen
wollen, oder nicht.

Es geschah nicht zu unserem, sondern zu Gottes Zeitplan
(vgl.Gal.4,4-5).

V.7:

Viele Gemeindeglieder in Ephesus waren offensichtlich der Meinung, dass das Evangelium nur für die Juden bestimmt war. Dieses Problem tauchte auch in anderen Gemeinden auf (vgl.Apg.10,9-43; Gal.2,11-13).

Dass dies nicht so ist, machte Paulus an seiner eigenen Entsendung deutlich.

Er war eingesetzt als Prediger, um das Evangelium der Mehrheit der Menschen zu bringen, welche die Juden als von der Fürsorge Gottes ausgenommen betrachteten.

Der Apostel führt den Ephesern hiermit klar vor Augen, dass Gott an allen Menschen interessiert ist und es bei ihm keine „Lieblingskinder" gibt!

Die Versicherung an die Epheser, dass Paulus die Wahrheit spricht, unterstreicht die Wichtigkeit dessen, was er soeben lehrte!

V.8:

Zum Dienst des Gebets an allen Orten, und nicht nur in der Gemeinde, sieht Paulus zuerst die Männer berufen. Diese sollen ihre Gebete mit erhobenen Händen vor Gott darbringen.

Erhobene Hände waren zur Zeit des AT die gebräuchliche Gebetshaltung.

Dies bedeutet nicht etwa, dass Gott nur darauf achtet, dass die Hände beim Gebet erhoben sind! Denn der Apostel verdeutlicht klar, dass diese Hände rein heilig, abgewaschen sein sollen, als Zeichen der inneren Reinheit vor Gott!

Es sollen Männer sein, deren Beziehung zu Gott und den Mitmenschen intakt ist, frei von Zorn (Temperamentausbrüche) und ohne Zweifel.

Eine gestörte zwischenmenschliche Beziehung beeinträchtigt die Fähigkeit gottgemäß zu beten (vgl.Mt.5,22-24; 1.Petr.3,7), und somit auch die Fähigkeit, andere im Gebet anzuleiten.

Nicht die Körper-, sondern die Herzenshaltung soll auf Gott ausgerichtet sein!

V.9:

Nun wendet sich Paulus an die Frauen in der Gemeinde.

Sie sollen nicht äußeren Schmuck, sondern ihre inneren Werte den Vorzug geben.

Hier ist eine würdige Haltung gemeint (vgl. **1.Kor.11,14ff),** die sich durch äußeren Schmuck, wie schöne Kleidung etc. nicht darstellen lässt.

Gleichwohl bedeutet dies nicht, dass das äußere Erscheinungsbild der Frauen nicht attraktiv sein darf. Aber das Auftreten soll einfach, korrekt und frei von Koketterie sein.

Die Details, welche Paulus hier anführt, sind nicht an sich etwas Schlechtes, aber sie sollen nicht zu Wertmaßstäben der jeweiligen Trägerin werden (vgl.1.Petr.3,3)!

V.10:

Anstatt mit weltlichen Schmuck, soll sich eine Christin durch gute Werke schmücken!

Paulus fordert hier die Frauen der Gemeinde auf, alle weltlichen Maßstäbe für Schönheit und Attraktivität beiseite zu legen und stattdessen den himmlischen anzulegen (vgl.1.Sam.16,7).

Dies ist der Schlüssel zum lebendigen Bekenntnis einer Christin!

V.11+12:

Paulus erklärt seine Anweisungen in diesen Versen mit der göttlichen Schöpfungsordnung!

In der Gemeinde bedeutet dies, dass eine Frau sich den männlichen Vorstehern unterordnen, und sich keines Lehramtes anmaßen, oder sich über den Mann stellen soll.

Ihre Aufgabe besteht, in voller Gleichberechtigung zum Mann (vgl.Gal.3,28), ihren Dienst in „aller Stille" einzubringen.

„Stille" bedeutet hier nicht, dass eine Frau zu schweigen hat, und sich nicht in den Gottesdienst mit einbringen darf! Vielmehr soll dies unauffällig und in aller Unterordnung geschehen (vgl. 2.Thess.3,12).

Dies ist der unvergängliche Schmuck des Herzens, welcher vor Gott sehr köstlich ist (vgl.1.Petr.3,4)!

V.13:

Hier gibt Paulus die Antwort darauf, warum eine solche Herzenshaltung vor Gott so köstlich ist:

Es ist das Verständnis und die Annahme des göttlichen Plans für die Menschheit!

Nicht die Ordnung des Paulus, sondern Gottes klare Schöpfungsordnung ist hier der Maßstab!

In dieser Ordnung sieht der Apostel die Vorrangstellung des Mannes, der sich die Gehilfin, die um ihn sei, anpassen soll (vgl.1.Mo.2,18).

V.14:

Nun stellt er die Verhaltensweisen von Mann und Frau gegenüber.

Diese Gegenüberstellung bedeutet nicht, dass die Frau in irgendeiner Weise naiver oder „schuldiger" als ihr Gegenüber ist.

Denn Adam hatte auch schon damals nach Gottes Plan die Hauptverantwortung!

Somit wird der Mann (Adam) von Paulus hier nicht aus seiner Verantwortung genommen und ist, was den Sündenfall betrifft, in gleicherweise wie die Frau vor Gott schuldig (vgl.Röm.5,12-21)!

Der Schreiber möchte uns hier verdeutlichen, was geschieht, wenn die Schöpfungsordnung Gottes auf den Kopf gestellt wird, indem seine Geschöpfe sich seinem Willen widersetzen!

V.15:

Noch einmal unterstreicht der Apostel den Schöpfungsplan Gottes, indem er klar zum Ausdruck bringt, dass eine Frau nicht trotz des Geburtsvorgangs, auch nicht kraft der Geburtsleiden errettet werden wird, sondern **in Erfüllung ihrer Mütterlichen Aufgabe**, welche ihr von Gott gegeben wurde!

Denn, nicht das Erreichen einer vermeintlich „höheren Freiheit", indem sich die Frau aus ihren familiären Aufgaben löst, wird sie erretten, sondern das Streben und halten dessen, worin sie nach Gottes Schöpfungsplan stehen und leben soll!

Wenn sie darin im Glauben bleibt, erfüllt sie so ihre Gottesbestimmung und erfährt somit ihre Errettung!

Kap. 3:

V.1:

Paulus setzt seine Anweisungen im Bezug auf das Betragen in der Gemeinde (= Versammlung) fort, indem er sich der wichtigen Frage der Qualifikation der Gemeindevorsteher zuwendet.

Es ist ihm ein Herzensanliegen, zunächst das richtige Verständnis für diese hohe Aufgabe zu erlangen.

Dabei wird deutlich, dass der Apostel ermutigt, nach diesem schönen Werk zu streben und gleichzeitig lässt er erkennen, dass das Aufseheramt eine hohe Aufgabe ist.

Denn ein Werk ist mit Arbeit und Einsatz verbunden und nicht nur mit bloßer Anwesenheit!

V.2-7:

Um dieser Aufgabe nun gewachsen zu sein und sie gemäß dem Willen Gottes ausfüllen zu können, sind nach den Worten des Paulus fünfzehn **Voraussetzungen** im Leben eines Aufsehers nötig:

- untadelig: (unangreifbar) Der Lebenswandel des Aufsehers muss so geführt sein, dass er keinerlei Grund zur Klage oder einer Anschuldigung bietet.

- Der Aufseher soll der Mann einer (Zahlwort) einzigen Frau sein.

Wie zuvor von Paulus schon ausgeführt, geht es ihm auch hier um die Unangreifbarkeit in diesem Amt.
Es ist enorm wichtig, dass ein Vorsteher der Gemeinde frei von einer belastenden, sexuellen Vergangenheit ist. Daher soll der Aufseher nur einmal verheiratet sein.

Im Folgenden zählt er weitere **Voraussetzungen** auf, die nötig sind, um anderen mit gutem Beispiel voran gehen zu können.
Denn nur so ist es möglich, seinem eigenen Haus gut vorzustehen. Wer diese **Vorbedingungen** nicht erbringt, kann weder seinen Kindern, und schon gar nicht die Gemeinde auf den rechten Weg führen!

Ein Neubekehrter ist diesen Anforderungen nicht gewachsen! Denn sehr leicht steigt einem solchen die Beförderung in ein solches Amt zu Kopf.
Das Endresultat wäre die völlige Überheblichkeit und hätte dasselbe Urteil wie bei Satan zur Folge.

Auch bei den Ungläubigen sollen die Ältesten der Gemeinde gut angesehen sein!
Denn sie, als Repräsentanten der Gemeinde stehen ständig in der Gefahr, den Nachstellungen des Teufels zu erliegen.

Wenn ein Leiter der Gemeinde vor den Augen der Welt in Sünde verfiele, hätte der Widersacher sein Ziel erreicht.

Der Lebenswandel des Ältesten darf hierzu keinen Anlass geben und soll auch so von der Welt erkannt werden.

V.8:

Wie die Vorsteher, so sollen auch die Diakone (vgl.Phil.1,1) für ihr Amt geeignet sein. Jedoch haben diese in der Gemeinde ganz andere Funktionen.

Das griech. Wort diakonos bedeutet wörtl. Diener.

Diesen Dienern obliegt es, unter der Aufsicht der Ältesten untergeordnete Aufgaben in der Gemeinde wahrzunehmen. (vgl.Apg.6,1-6)

Die Qualifikation zum Amt des Diakons ist annähernd dieselbe, wie die eines Ältesten, da Diakone im besonderen Blickfeld der Öffentlichkeit stehen.

Daher ist es wichtig, dass diese eine sehr große Reife, sowie den tiefen Glauben an Jesus Christus für ihr Amt mitbringen.

Sie sollen daher ernsthaft (ehrbar), aufrichtig und ungeheuchelt (nicht doppelzüngig), sowie keine Trinker, oder gar auf schändliche Weise sich einen Vorteil suchen.

V.9:

Ein Geheimnis ist etwas, dass nur wenigen anvertraut
ist. Es ist die Aufgabe des Diakons, das was er weiß
und was er glaubt vor der Welt zu Leben.

D. h: *Bekenntnis und Handeln des Diakons müssen
identisch sein!*

V.10:

Niemand sollte zu diesem Dienst berufen werden, wenn
er sich nicht in ständiger Bewährung vor der
Gemeinde, sowie vor der Welt gezeigt hat.

Untadelig meint hier: Frei von allen Anschuldigungen!

Es handelt sich um eine Lebensführung in der Nachfolge
Christi!

V. 11+12:

Wie zuvor in V 8, so setzt Paulus auch hier dieselben
Anforderungen an die Frauen. Damit sind sowohl die
Ehefrauen der Diakone, als auch die Diakoninnen
selbst gemeint. (vgl. Röm.16,1)

Noch einmal beruft sich der Apostel auf die Verse 4+5.

V.13:

Erscheint die Aufgabe des Diakons nach weltlichem Ermessen wenig attraktiv zu sein, so erhält der Nachfolger Jesu Christi hierfür eine ganz andere Sicht der Dinge. (vgl.Mk.10,42-45: Joh.13,12-17)

Ein treues Erfüllen seines Dienens hat zwei Dinge zur Folge:

Zum einen ein gutes Ansehen vor den Augen seiner Mitchristen. Denn diese erkennen den Wert der selbstlosen Hingabe und wissen diese auch zu schätzen.

Zum zweiten eine große Kühnheit (Freimütigkeit) und Mut, das Begonnene fortzuführen und so im Glauben an Jesus Christus weiter zu wachsen.

V.14:

Auch wenn Timotheus von Paulus in der Gemeinde zu Ephesus zurückgelassen wurde (vgl.3,1), so hat der Apostel doch die Hoffnung, seinen Mitstreiter schneller wiederzusehen, als dieser meint.

Falls sich die Ankunft aber verzögern sollte, so ist es ihm daran gelegen, dass die dortige Gemeinde und auch Timotheus, die bislang erteilten Anweisungen und Mahnungen als Orientierung kennen.

V.15:

Der Zweck dieser Anweisungen ist aber nicht nur auf die Gemeinde in Ephesus beschränkt. Paulus geht es um das Verhalten im Hause Gottes d. h. in allen Gemeinden!

Jede Versammlung von Glaubenden an Jesus Christus ist ein Haus Gottes, das nicht wie ein heidnischer Tempel von einem toten Götzen bewohnt wird, sondern sich der offenbarten Gegenwart des lebendigen Gottes erfreut.

Ihre regelmäßigen Zusammenkünfte sind ein Pfeiler und eine Grundfeste am jeweiligen Ort. Sie dienen zum Zeugnis der Wahrheit!

V.16:

Was seither verborgen war, ist nun offenbar geworden. **Christus, das Wesen des Geheimnisses** (vgl.Kol.1,27) wurde von allen (wiedergeborenen) Christen als Wahrheit erkannt.

Dieses Geheimnis ist so riesig und von unschätzbarer Bedeutung (vgl.Eph.5,32).

Denn dieser Jesus wurde Fleisch (Inkarnation), der gekreuzigte Jesus ist der Herr und Messias, wie es Gott in seiner Auferweckung durch den Heiligen Geist deutlich gemacht hat (vgl.Apg.2,24-36; Rö.8,11).

Gesehen von den Engeln:

Das Wirken Jesu hat nicht nur eine irdische, vielmehr eine himmlische Perspektive (**2. Kor. 10, 3-5; Eph. 6, 10-18; Offb. 7, 11, 12**). **Gesehen = anerkannt, - über den Engeln stehend**!

Der Heilsplan Gottes wird fortlaufend erfüllt, weil auch den Nationen dieses Geheimnis anvertraut wird und diese im Glauben die Heilsbotschaft Jesu annehmen.

Schließlich bestätigt Paulus auch an dieser Stelle noch einmal die Himmelfahrt Jesu (vgl.Eph.4,10).

Kap. 4:

V.1:

Bezugnehmend auf die immer wieder gepredigte Lehre Jesu (vgl.Mk.13,22), der anderen Apostel, sowie seiner eigenen Ausführungen (vgl.2.Petr.3,1-18; Apg.20,29), erläutert Paulus seinem Mitstreiter hier noch einmal, was in künftigen Zeiten auch in der Gemeinde Jesu passieren wird.

Zwar liegen diese Zeiten für Paulus im Moment seiner Niederschrift noch in der Zukunft, jedoch werfen diese Zeiten ihre Schatten voraus.
Gläubige Menschen werden von ihrem Glauben abfallen und sich verführerischen Irrlehren hingeben.
Diese Irrlehren sind die Folgen bewusster Anschläge der Feinde Gottes auf die Gemeinde. (vgl.Eph.6,12)
Durch Verführungen von Menschen, welche sich von dämonischen Mächten missbrauchen lassen, verbreiten sich falsche Lehren (s. Judas Iskariot).

V.2:

Dies geschieht durch eine für Satan typische Vorgehensweise. Er bedient sich der heuchlerischen Lügenredner (vgl.2.Kor.11,13-15).

Dies sind Menschen, denen es an sittlichem Empfinden fehlt, und solche, die das Zeichen ihres dämonischen Herrn tragen.

Sie sind abgestumpft (vgl.Eph.4,19) und gefühlskalt und somit bereit, die Anweisungen Satans zu befolgen.

V.3:

Die falschen Lehrer, welche die Gemeinde zu Ephesus in Aufruhr versetzten, vertraten die Ansicht, dass alles Fleischliche, d.h. sowohl die Nahrungsaufnahme, wie auch die körperlichen Bedürfnisse nach Liebe und Sexualität etwas Böses sind.

Deshalb gebieten diese nicht zu heiraten und sich von Speisen zu enthalten. (vgl.Kol.2,21)

Aber Paulus zeigt hier deutlich auf, dass all diese Dinge, die von Menschen schlechtgeredet und verdammt werden, von Gott höchstpersönlich geschaffen wurden!

Somit können die Gläubigen, und all diejenigen, welche die Wahrheit erkennen, diese gottgeschaffenen Dinge mit Danksagung empfangen, annehmen und gebrauchen.

V.4:

Der Apostel unterstreicht es an dieser Stelle nochmals eindringlich: **Was aus Gottes Hand kommt, das ist gut und nichts davon ist in irgendeiner Weise verwerflich!**

Es ist enorm wichtig, dass wir unterscheiden, zwischen dem, was Gott durch seine Gnade uns geschenkt hat, und was der Mensch durch seine eigenen Vorstellungen daraus gemacht hat!

Gott selbst war es, der über seiner Schöpfung aussprach: Es ist *sehr gut!* (vgl.1.Mo.1,31)

V.5:

Es ist also eine Frage unserer eigenen Einstellung!

All die „ganz normalen Dinge" unseres Lebens können etwas Besonderes werden, so sie von uns als durch das Wort Gottes und im Gebet geheiligt verstanden werden.

Wenn wir uns dessen bewusst sind, dass in all diesen Dingen das gnädige Wirken Gottes für uns und unser Leben steht, so werden wir unserem Schöpfer dafür danken und keine „Selbstverständlichkeit" mehr darin erkennen.

V.6:

Nun wendet sich Paulus direkt an Timotheus und fordert ihn auf, das zuvor Gesagte auch den anderen Gemeindegliedern vorzustellen.

Dieser Aspekt beinhaltet nicht nur das mündliche Weitersagen und – Lehren, sondern vor allem, ein Leben in einer solchen Vorbildfunktion zu führen!
Alle anderen sollen an Timotheus Leben und Verhalten erkennen, was der Wille Gottes ist.
Um dies zu leben, muss Timotheus selbst mit dem Wort Gottes erfüllt sein!
Paulus erinnert seinen jungen Schüler hier auch nochmals an die von ihm gegebene Unterweisung, der Timotheus immer gewissenhaft folgte.

V.7:

Weil Timotheus ein Sprachrohr der göttlichen Wahrheit sein soll, darf seine Lehre nichts mit den „Altweiberhaften" Irrlehren zu tun haben.

Denn weltliches und somit ungeistliches sind wertlos, und sollen von den Christen deshalb gemieden werden.

Stattdessen soll sich Timotheus mit ernsthaften Dingen befassen.

Um dies seinem Schüler plausibel zu veranschaulichen, verwendet Paulus ein Bild aus dem Sport.

Es geht ihm hier um das ständige und dauerhafte Trainieren, um die Verehrung Gottes seiner Gemeinde und sich selbst immer mehr und besser nahe bringen zu können.

Eine solche Ausdauer bewirkt, dass Gottes Zusagen im eigenen, sowie im Gemeindeleben Realität werden!

V.8:

Die körperliche Ertüchtigung ist zwar auch nicht unwesentlich, nützt aber im Gegensatz zur geistigen Ertüchtigung recht wenig.

Die Letztgenannte ist es, die uns Menschen in allem nützlich ist, nicht nur in unserem irdischen Dasein, sondern auch in der Ewigkeit!

Somit sollen die Diener Gottes die Hingabe zu ihrem HERRN zu ihrer Hauptaufgabe machen!

V.9:

Der Apostel bekräftigt das Vorangegangene und Ausgesagte nochmals!

V.10:

Paulus legt dar, dass es ihm und allen anderen an Christus Gläubigen so wie Timotheus ergeht:

Es ist ein geistiger Kampf, um in der zuvor erwähnten Gottesverehrung standhaft zu bleiben und zu wachsen! (vgl.Kol.1,29)

Er weiß, dass sein Kampf Sinn hat, da seine Hoffnung sich nicht auf sich selbst, irgendeine Lebensphilosophie, andere Menschen oder menschgeschaffene Götzen stützt.

Stattdessen vertraut er auf den lebendigen Gott, der alle Menschen erretten will und dafür Jesus Christus als Lösegeld hingegeben hat, um diese Rettung zu erwirken!

V.11:

Paulus fordert seinen jungen Schüler zur Entschiedenheit auf, auf diese Gotteswahrheiten zu bestehen, damit seine Zuhörer von ganzem Herzen darauf eingehen und befolgen.

V.12:

In diesem Vers wird deutlich, dass geistige Reife keine Frage des irdischen Alters ist!

Paulus spornt seinen Schüler an, sich nicht wegen seiner relativen Unerfahrenheit durch Meinungen anderer einschüchtern zu lassen. Stattdessen soll Timotheus seinen Glauben durch gottgefälliges Verhalten und Handeln den anderen vorleben!

Auf diese Weise wird er, trotz seiner „jungen Jahre" ein Vorbild im Glauben, in der Liebe und Reinheit sein. (vgl.Kap.5,2)

V.13:

Als jemand, der zum Dienst in der Gemeinde berufen ist, soll sich Timotheus den drei wichtigsten Aufgaben, welche sich aus dem Vorgenannten ergeben, widmen:

1. Dem lauten Vorlesen (des AT) in und für die Gemeinde

2. Dem darauf gründenden Ermahnen (= Predigt)

3. Dem Lehren hieraus = das praktische Umsetzen

V.14:

Paulus gibt Timotheus zu bedenken, dass er durch Handauflegung in den Dienst Gottes gestellt wurde. Nun soll er gemäß der empfangenen Gabe danach handeln!

Ein Ruf in den Dienst Gottes geht immer von Gott aus, und nicht von Menschen!

Dieser Dienst soll (muss) von der Leiterschaft bestätigt sein! (vgl.Jak.5,13-16)

V.15:

Mit Blick auf das Kommende, erinnert der Apostel nochmals an das Vergangene.

Timotheus soll mit dem Befohlenen sorgfältig umgehen, damit zukünftig für alle deutlich wird, welche Fortschritte er gemacht hat. Auf diese Weise zerstreut er alle noch vorhandenen Zweifel seiner Person gegenüber!

V.16:

Noch einmal bündelt Paulus seine Aussagen und Anweisungen (vgl.V.6-15) Timotheus gegenüber.

Sein Schützling soll sich in Amt und Leben bewähren und dabei diese Anweisungen als Orientierung gebrauchen.

Paulus weiß auch, dass die eigentliche rettende Instanz Gott selbst ist, aber wenn sein Schüler all diese Anweisungen befolgt und danach lebt, so wird er durch sein Vorleben auch andere zum Glauben, und somit zur Errettung führen! (vgl.Phil.2,12; Jak.5,19-20)

Gleichzeitig hebt der Schreiber die große Verantwortung hervor, welche Gemeindeleiter tragen.

Kap.5:

Nach den persönlichen Anweisungen an Timotheus, folgen nun Ratschläge für den richtigen Umgang mit bestimmten Personengruppen in der Gemeinde.

V.1+2:

Im Gegensatz zu Kap.4,14, sind hier mit den „Älteren" nicht die Bischöfe oder Ältesten gemeint, sondern schlicht ältere Menschen!

Timotheus soll diese Menschen ansprechen, als würde er mit seinen eigenen Eltern reden.

Hier gilt es also, nicht mit rücksichtslosem Tadel, sondern in freundlich-mahnender Form auf diese Gemeindeglieder einzuwirken!

Jüngeren gegenüber ist aber ein direkter Ton erlaubt, der aber wie einem leiblichen Bruder gegenüber geführt werden soll.

Den Frauen gegenüber soll Timotheus mit allem Respekt gegenübertreten, den älteren wie einer Mutter, den jüngeren wie einer Schwester.

All dies soll mit Anstand geschehen und wird den jungen Diener Gottes vor jeder Kritik schützen.

V.3+4:

Auch mit dem Umgang mit den Witwen in der Gemeinde
wird Timotheus von Paulus entsprechend instruiert:

Im gesamten AT und NT galten Witwen, zusammen mit
den Fremdlingen und Waisen als besonders der
Gnade Gottes unterstellt. Hier trägt die Gemeinde
einen besonderen sozialen Auftrag!
(vgl.5.Mo.10,18; Apg.6)

Allerdings legt Paulus einen genauen Wert darauf, wer
aus dieser Gruppe wirklich hilfsbedürftig ist, und
wer nicht!
Das vorhandene Geld soll für die verwendet werden, die
wirklich Hilfe nötig haben.
Timotheus soll daher genau prüfen, welche Witwen zwar
den Ehemann verloren haben, aber zu ihrer Versorgung
Kinder oder Enkel vorhanden sind.

Denn es ist die Familie, nicht die Kirche oder der Staat,
welche als Erste die Verantwortung für die Versorgung
ihrer hilfsbedürftigen Glieder tragen soll.
Dieses Verhalten entspricht der göttlichen Ordnung, da
auf diese Weise die Kinder Ihren „Vorfahren" einen Teil
dessen zurückerstatten, den sie selbst zuvor erhalten
haben. (vgl. 2.Tim.1,3)
Dieses Geben und Nehmen ist vor Gott wohlgefällig!
(vgl. Rö.13,7)

V.5:

Eine solche Frau, die weder Mann noch Familie hat, kennzeichnet sich darin, dass ihr ganzes Vertrauen auf Gott und im Gebet liegt!

Sie erwartet von Gott durch Gebet und Flehen alles, aber nichts von Menschen.

Weil sie ihr Leben und ihren Dienst ganz Gott verschrieben haben, waren diese Frauen hochgeschätzt! (vgl.Lk.2,37)

V.6:

Natürlich führte nicht jede Witwe ein Leben, wie es vorweg beschrieben wurde, sondern sie benutzten ihre Witwenschaft, um ein ausschweifendes Leben zu führen. (vgl.Jak.5,5)

Eine solche Frau, welche ihr Leben nach den weltlichen Sinnen richtet, ist lebendig tot! (vgl.Röm.8,6; Offb.3,1)

Wer einen solchen Lebenswandel führt, bedarf **nicht** der Hilfe der Gemeinde!

V.7:

Hier wiederholt der Apostel denselben Wortlaut wie in Kap.4,11!

Damit die Gemeinde untadelig sei, soll Timotheus diese im Bezug auf die Witwen unterrichten.

Er soll seine leitende Funktion auch vor der Versammlung- wahrnehmen! (vgl. 3,2 + 6,14)

V.8:

Aber auch auf die Familienangehörigen geht Paulus ein: Wer die Seinen nicht versorgt (für sie Vorsorge trifft), straft sein eigenes Bekenntnis zu Gott Lügen (vgl.Tit.1,16)!

Auf diese Weise verleugnet er letztlich seinen Glauben und wird somit schlimmer, als ein Ungläubiger!

Denn selbst diese haben ein Bewusstsein für die familiäre Verantwortung.

Beachte: Paulus wählt hier dieselbe Strenge, wie in **1.Kor.5 + 6,** bei Unzüchtigen der Gemeinde... ! (vgl. **Lk.16,8)** Aber das Gegenteil sollte der Fall sein!

V.9+10:

Die Feststellung der „rechten Witwenschaft" (vgl. V.3) wird hier von Paulus durch genaue Kriterien festgelegt:

Zunächst soll eine solche Frau in eine Liste eingetragen werden. Dies geschah wohl deshalb, um klar zu unterscheiden, welche Witwen nun von der Gemeinde unterstützt werden sollten. Danach war folgendes zu beachten:

1. Mind. 60 Jahre alt

2. Frau eines einzigen Mannes (entspricht derselben Anforderung eines Bischof bzw. Ältesten der Gemeinde (vgl.Kap.3,2; Tit.1,6)

3. Zeugnis guter Werke
   Dieses Zeugnis umfasst nach den Worten des Paulus fünf Eigenschaften, die eine Fromme Frau kennzeichnen:
   - Kinder auferzogen (eigene oder fremde)
   - Gelebte Gastfreiheit
   - Den Heiligen die Füße gewaschen
     Bedeutet, dass sie in aller Demut gedient haben
   - Den Bedrängten beigestanden
   - Jedem guten Werk nachgekommen
     Eine solche Frau war dafür bekannt, sich für die Gemeinde und ihr Umfeld einzusetzen.

V.11-13:

Jüngere Witwen soll Timotheus aus zweierlei Gründen abweisen:

1. Es besteht bei ihnen die Wahrscheinlichkeit, dass die fleischlichen Begierden im Laufe der Zeit siegen werden. Infolge dessen werden sie heiraten wollen.

Dies käme einer Selbstverurteilung gleich, da sie die erste Treue (zu Christus) gebrochen hätten.

2. Ist Christus nicht mehr das Zentrum, (die Motive nicht mehr christusorientiert) wird lässig (*schlampig*) gearbeitet!

Wer aufgrund guter und dauerhafter Versorgung sich nicht um seinen Lebensunterhalt zu kümmern braucht, steht in der Versuchung, die freie Zeit für unnütze, nicht gottgefällige Dinge zu vergeuden.

V.14+15:

Um dies zu vermeiden, rät Paulus den jüngeren Witwen wieder zu heiraten, Kinder zu bekommen und den Haushalt zu führen.

Auf diese Weise sind sie völlig in ihrer Familie in Anspruch genommen und geben so den Gegnern der Gemeinde keine Möglichkeit, über sie zu lästern, oder sie zu verführen (vgl.1.Kor.16,9).

Wie wichtig der Rat des Paulus war, zeigt die Tatsache, dass er die Gemeinde nicht davor bewahren konnte, dass sich einige dennoch von der Gemeinde und ihren Aufgaben abgewandt hatten!

Diese taten bereits den Willen des Teufels!

V.16:

Der Apostel möchte sichergehen, dass seine Anweisungen, bezüglich der Versorgung durch die Familie (vgl. V.8), sowohl bei wohlhabenden Männern, als auch bei Frauen befolgt werden. Dies ist ein Rat, der sich zuallererst an die Familienoberhäupter richtet, ganz gleich, ob sie gläubige Männer oder Frauen sind!

Wer die entsprechenden Mittel besitzt, steht in der Familie in Verantwortung für die Witwen, damit die Gemeinde entlastet wird.

Die Gemeinde selbst soll sich um die Witwen kümmern, die keine Familie mehr haben!

V.17:

Der Begriff „Älteste" bezieht sich nicht auf die ältesten Männer in der Gemeinde, sondern auf die Gemeindeleitung!

Es sind die Gemeindevorsteher, deren Aufgabe darin besteht, die Oberaufsicht über die Gemeindeangelegenheiten zu führen, während die Diakone ihnen zuarbeiten und sie unterstützen, wo es nötig ist.

Für ihre Arbeit erhalten die Ältesten eine finanzielle Entschädigung. Diejenigen aber, die sich in diesem Amt besonders auszeichnen, sollen nach den Worten des Apostels eine „zweifache Ehre", also eine doppelt so hohe Bezahlung erhalten! Dies wiederum gilt besonders für die, welche in Wort und Lehre der Gemeinde dienen.

Zwar umfasst der Ältestendienst weit mehr, als diese beiden Aufgaben, jedoch sind diese die wichtigsten und vornehmsten Aufgaben, und sollten deshalb auch von der Gemeinde besonders honoriert werden.

V.18:

Um die vorgenannten Aussagen zu untermauern, zitiert Paulus das AT (vgl.5.Mo.25,4), sowie Jesus Christus selbst (vgl.Mt.10,10).

V.19 +20:

Trotz seiner Mahnungen und der klaren Aussagen, der Qualifikation für das Amt des Ältesten, ist sich Paulus bewusst, dass es zu Unstimmigkeiten und Klagen in der Gemeinde, gegenüber der Leiterschaft kommen wird. (vgl.Kap.3,2-7)

Um die Ältesten vor ungerechtfertigter Kritik zu schützen, nennt Paulus hier die Kriterien, die in einem solchen Streitfall angewandt werden sollen.

Was durch Gottes Wort schon im AT seine Richtigkeit hatte, zieht sich auch hier wie ein roter Faden bis in Zeit des NT (vgl.5.Mo.19,15; Mt.18,15-17).

Wird eine Klage durch zwei oder drei Zeugen bestätigt, so ist diese als berechtigt anzusehen! In diesem Fall soll Timotheus den Beschuldigten vor der ganzen Gemeinde zurechtweisen!

Diese Zurechtbringung (Überzeugung) soll der ganzen Gemeinde dienlich sein.

Es gilt zu vermeiden, dass die ganze Gemeinde in Gefahr gebracht wird!

V.21:

Paulus unterstreicht das Gesagte hier nochmals und ermahnt (wörtl. Beschwört) den jungen Missionar, sich genauestens daran zu halten.

Dabei möchte Paulus sichergehen, dass sein junger Gemeindeleiter alle Gemeindeglieder gleich behandelt und nicht in der einen oder anderen Situation schwach wird, und aufgrund von Vorurteilen falsche Maßstäbe ansetzt.

Eine weitere Unterstreichung erfährt das Gesagte dadurch, dass sich Paulus hier auf die Autoritäten von Gott selbst, Jesus Christus, sowie auserwählter Engel beruft!

V.22:

Zum eigenen Schutz rät der Lehrer seinem Schüler, nur wirklich Geeignete zum Dienst zu Ordinieren!

Denn alle Beteiligten machen sich mitschuldig, wenn sie völlig ungeeignete Männer in den Dienst rufen.

Diese Fehlentscheidung wirkt sich auf die ganze Gemeinde negativ aus.

Es ist dabei von großer Wichtigkeit, sich rein zu halten! Denn, wer sich mit den Vergehen anderer auseinandersetzen, und ein rechtes, Gott wohlgefälliges Urteil treffen will, kann selbst kein schuldbeladenes Leben haben.

Dies wäre ein fataler Widerspruch!

V.23:

Ein ganz alltäglicher, praktischer und medizinischer Rat, welcher Timotheus von einer völligen asketischen Art befreien sollte. Dies konnte von Timotheus aufgrund der Reinheitshaltung so verstanden werden.

Aber Paulus wusste sicher auch um den Gesundheitszustand des Timotheus. Wein kann (in kleineren Mengen) positiv wirken.(vgl.**Spr.31,6+7; Eph.5,18-20**

Wir tun gut daran, uns selbst nicht mehr aufzuerlegen, als Gott von uns fordert!

V.24+25:

Paulus macht deutlich, wie schwierig es ist, die richtigen Kandidaten zur Ordination als Älteste auszuwählen.

Es gibt diejenigen, bei denen ihre Sünden, oder ihre guten Werke vorangehen; d.h. die für alle offensichtlich sind.

Andererseits gibt es die, bei denen Sünden oder gute Werke im Verborgenen sind und erst im Nachhinein erkennbar werden.

Deshalb sind voreilige, oberflächliche Urteile falsch und führen dazu, dass entweder unfähige Leute in den Dienst gerufen werden, oder besonders dafür Qualifizierte nicht erkannt werden!

Ein scharfer Beobachter aber erkennt den wahren Charakter eines Menschen!

Die in V 22 getroffenen Aussagen des Paulus erhalten somit In diesen beiden Schlussversen ihre Bestätigung!

Kap.6:

V.1:

Unter normalen Umständen bestehen zwischen Sklaven und Herren klare Verhältnisse, da sie außerhalb des Sklavendienstes keinerlei Berührungspunkte mit ihren Herren hatten.
Hier nun liegt der Fall aber ganz anders. Durch das Evangelium wurden beide Gruppen innerhalb der Gemeinde in ein völlig neues Verhältnis zueinander gezogen!
Dies warf immer wieder unterschiedliche Probleme auf, und so mussten die Apostel wiederholt auf diese Problematik eingehen (vgl.1.Kor.7,20-24; Eph.6,5-9; 1Petr.2,13-25)

Die Frage des richtigen Gebrauchs von Autorität oder dessen Missbrauch, ist eine Einstellungssache des Herzens!
Deshalb forderte Paulus immer wieder beide Seiten auf, sich dieser Einstellung klar zu werden.

Hier geht der klare Appell an die Sklaven, ihren Herren gegenüber alle Ehre zu erweisen.
Dieser Respekt soll die Welt erkennen lassen, dass sich die Sklaven an die Weisungen und Lehre Gottes halten, und somit dem die Ehre zuteilwird, dem sie wirklich gebührt! (vgl.Rö.13,1-7)

V.2:

Wenn nun sowohl der Sklave und auch sein irdischer Herr gläubig sind, so soll es den Sklaven ein Herzensbedürfnis sein, ihnen gegenüber den doppelten Diensteifer zu zeigen.

Dies soll aus der Tatsache heraus geschehen, dass derjenige, dem der Dienst gilt, ein geliebter Bruder oder eine geliebte Schwester in Christus ist.

Denn nichts anderes sonst hat Jesus Christus selbst vorgelebt, indem er seinen Jüngern die Füße wusch und sie zu einem dienenden Herzen aufrief! (vgl.Joh.13,4-17; 15,9-14)

Paulus fordert Timotheus auf, das Beispiel Jesu der Gemeinde in Lehre und Ermahnung nahezubringen!

V.3:

Er kommt in seinen Ausführungen nun wieder auf die Gruppe Menschen zurück, mit denen er begonnen hatte – auf die falschen Lehrer! (vgl.Kap.1,3-11)

Wie ein Arzt, der bei einem Kranken eine Diagnose trifft, beschreibt er hier die Merkmale deren Abirrungen:

- Sie lehren anders   (vgl.1,3)

- Sie bleiben nicht bei den heilsamen Worten Jesu

- Sie stimmen nicht mit der glaubensgemäßen Lehre überein.

Damit unterliegt ihr Anspruch von Wahrheit und Frömmigkeit einem großen Irrtum!

V.4:

Wer also, trotz besserem Wissen anders lehrt und handelt, ist im Gegensatz zum Gesunden *verblendet aufgeblasen, hochmütig* und nicht demütig, sondern *eingebildet*!

Sein „Wissen" ist Schall und Rauch und trägt eine krankhafte Besessenheit zu Streit, Arroganz und Ignoranz mit sich!

V.5:

Das Resultat hieraus sind Neid, Streit, Gotteslästerungen, falsche Verdächtigungen.

So entstehen weitere Streitigkeiten, welche im krassen Gegensatz zur Paulinischen Unterweisung stehen! (vgl.Kap.1,5)

Aufgrund der wahren Motive dieser Irrlehrer, sind die vorgenannten Dinge die unausweichlichen Früchte (vgl.Mt.7,13-23).

Denn dies sind Menschen, die in ihrem Denken verdorben, vom Satan der Wahrheit beraubt, und glauben, mit der Gottesfurcht (EÜ) ein Gewerbe betreiben zu können.

Geldgier war also das vorderste Motiv dieser Menschen! (vgl.Tit.1,11)

V.6:

Paulus greift nun genau dieses völlig verdrehte Ansinnen mit denselben Worten auf, und stellt es richtig. (vgl.1.Kor.2,5+6)

Gottesfurcht bringt keinen Gewinn, aber sie ist ein Gewinn, wenn sie mit Bescheidenheit einhergeht!
Dies wiederum ist nur möglich, wenn man sich an Gott genügen lässt!

Es ist also der völlige Gegensatz von Habgier, weil diese Genügsamkeit von Gott selbst geschenkt ist, und somit unabhängig von allem Materialismus macht!

Diese Unabhängigkeit von irdischen Sachzwängen ist wirklich ein großer Gewinn!

V.7+8:

Hier wird das Gesagte noch einmal unterstrichen, und die Vergänglichkeit alles Materiellen deutlich betont.

Die Dinge dieser Welt sollen frei von Zwängen und zur Ehre Gottes eingesetzt und gebraucht werden. Sie tragen aber nicht zur Frömmigkeit eines Menschen bei!

Auch Christen dürfen deshalb materielle Bedürfnisse und Wünsche haben, wie Nahrung und Kleidung. Aber, diese Grundbedürfnisse sollen uns genügen (vgl.Hebr.13,5+6).

Paulus wusste sehr genau, wovon er sprach! (vgl.Phil.4,10-13)

V.9+10:

Dieser genügsamen Haltung stellt Paulus das Gegenteil entgegen. Die Sucht, reich werden zu wollen und die Geldgier beherrschen das Leben und Denken der Menschheit.

Diese Gier bringt

- Versuchung
- Verstrickung und
- Weitere törichte und schädliche Begierden

welche die Menschheit in Verderben und Verdammnis versinken lassen.

Diese Wurzel allen Übels öffnet den anderen Lastern Tür und Tor!

Diese Menschen verbreiten Irrlehren, weil der Materialismus ihren Glauben erstickt hat! (vgl. Lk.8,14)

Die Folge daraus ist die Selbstzerstörung!

V.11:

Nun wendet sich Paulus noch einmal direkt an Timotheus, und zeigt mit den Worten „Du aber.." einen scharfen Kontrast zwischen den Geldgierigen (V10) und dem Gemeindeleiter selbst auf.

Der von Gott und seinem Heiligen Geist geleitete Timotheus, soll das Gegenteil von all dem tun, was die Irrlehrer tun und leben!

Statt ihnen nachzueifern, soll er den Tugenden nachjagen, die Ewigkeitswert haben.

Wieder legt Paulus die Qualifikationen für Bischöfe und Älteste dar und zeigt damit gleichzeitig einen Vergleich der Früchte des Geistes auf. (vgl.Gal.5,22-23)

Es ist dem Schreiber wichtig, die richtige Haltung und Beziehung Gott gegenüber zu leben, indem wir Glaubende die Gottgewollten Handlungen vollbringen und uns nicht dieser Welt gleichsetzen!

V.12:

Es ergeht die Aufforderung an Timotheus, aktiv zu werden und hierbei sein Bestes im Wichtigsten aller Kämpfe zu geben!

Um diesen Einsatz erbringen zu können, darf sich Timotheus der Tatsache gewiss sein, dass er das Ewige Leben hat!

Die Aufforderung dies Ewige Leben zu ergreifen, sagt nicht etwa aus, dass Timotheus sich dieses durch eigene Anstrengung erwerben kann!

Paulus zeigt hier nochmals deutlich auf, dass die wiedergeborenen Christen bereits jetzt Anteil am Leben Jesu Christi haben (vgl.2.Kor.4,10-12).

Denn alle, die Jesus Christus angenommen haben, sind zu diesem neuen Leben berufen (2.Kor.5,17)!

Das Bekenntnis hierzu geschieht durch die Taufe (Rö.6,4), sowie durch das Wort (Rö.10,9-10).

Die Aussage „vor vielen Zeugen" kann sich sowohl auf die Ordination des Timotheus beziehen, als auch auf seine Taufe.

V.13+14:

Timotheus hat von Paulus schon mehrfach in diesem Brief persönliche Aufträge erhalten. Hier nun appelliert der Schreiber in der schärfsten und gleichzeitig feierlichsten Form an den jungen Missionar, sein Bekenntnis unerschrocken und ohne Zweifel, wie es Jesus Christus vor Pilatus tat, zu bekennen.

Es geht Paulus um die Gesamtheit der „heilsamen Lehre", die er in seinem Brief dargestellt hat, und nicht um ein einzelnes Gesetz!

Diese Lehre gilt es, durch gottgefälliges Leben und in der treuen Erfüllung seines Amtes, vor aller Verunreinigung und Kritik zu bewahren, bis zur Erscheinung Jesu Christi.

Dann erst wird dieser Kampf zu Ende sein! (vgl.V.12)

V.15+16:

Gegen Ende seiner Missionstätigkeit war auch Paulus klar geworden, dass die Wiederkunft Jesu nicht mehr vor seinem Tod geschehen wird.

Deshalb möchte er auch seinem jungen Mitarbeiter auffordern, Gott allein den Zeitpunkt dieses großen Ereignisses zu überlassen.

Daher betont Paulus so eindringlich, dass Gott nicht an unsere menschlichen Zeitpläne gebunden ist, sondern Gott dies *zu seiner Zeit* geschehen lassen wird.

Paulus unterstreicht die einzigartige und überragende Souveränität Gottes, dem allein alle Ehre gebührt.

Er allein ist die Ursache und das Ziel aller Dinge, da er allein der Oberste aller Oberen ist.

Er allein hat Unsterblichkeit, wohnt dort, wo kein Mensch je hingelangen oder sehen kann (vgl.Joh.1,18).

Allein diesem Gott gebührt alle Ehrerbietung!

Mit der Beteuerungsformel der Wahrhaftigkeit für das eben Gesagte untermauert Paulus seine Gedanken!

V.17:

Erneut erhält Timotheus eine Anweisung, diesmal die Reichen betreffend.

Er soll diesen Menschen- denen es materiell an nichts fehlt- klar zu verstehen geben, dass sie sich mit ihrem Reichtum nicht über die anderen stellen können!

Ebenso fatal wäre es für sie, wenn sie glaubten, dass sie sich auf ihr Vermögen verlassen könnten und meinten, ihnen könne ja nichts passieren, weil sie reich sind.

All dies ist vergänglich! Ein Kind Gottes aber setzt nicht auf Vergängliches, sondern auf das Unvergängliche und Ewige!

Daher sollen auch sie ihre Hoffnung auf Gott setzen, der die Quelle aller materiellen Dinge ist!

Denn Gott ist es, der sie mit diesem Reichtum beschenkt hat, damit sie ihn in Dankbarkeit genießen können!

V.18+19:

Dies aber soll nicht in selbstsüchtiger Weise geschehen, sondern in und durch die Bereitschaft, mit denen zu teilen, die weniger haben.

Die Aufgabe des Timotheus besteht darin, die Wohlhabenden hierzu anzuleiten, Gutes zu tun, um so den wirklichen Reichtum an guten Werken zu erlangen.

Aus dieser Herzenshaltung erwächst den materiell Reichen ein echter Schatz im Himmel!

Es geht darum, das wirkliche Leben zu ergreifen, um nicht am eigentlichen (ewigen) Leben vorbeizugehen. (vgl.Joh.10,10)

V.20+21:

Noch ein letztes Mal ermahnt Paulus den jungen Gemeindeleiter, die Gesamtheit der christlichen Wahrheit zu bewahren!

Es ist wichtig, dass sich Timotheus wirklich ganz in den Dienst dieser Wahrheit stellt und jeder, auch nur kleinsten Irrlehre wehrt.

Timotheus soll das ungeistliche Gerede und die Gegenbehauptungen der sog. Erkenntnis (gnosis) meiden.

Die Gnosis behauptet, die Erkenntnis Gottes mit dem eigenen Verstand bekommen zu können, die Schriftgelehrten meinten, "den Schlüssel der Erkenntnis zu haben".

Die Einflüsse dieser Lehren waren in Ephesus bereits so stark zu spüren, dass Paulus sagen konnte, einige sind aufgrund dieser esoterischen Irrlehre vom wahren Glauben abgeirrt und haben somit ihr Ziel im Bezug auf den Glauben verfehlt!

Mit diesen abschließenden Ermahnungen schließt Paulus den Kreis und kehrt zu seiner Aussage in 1.Tim1,3-6 zurück.

Als Abschluss fügt der Verfasser eine einfache Segensformel an, in welche er wieder die ganze Gemeinde miteinschließt.

Zweiter Brief des Paulus an Timotheus

Auch diesen Brief leitet Paulus auf die übliche Weise ein *(wie z.B. 2.Kor.1,1)*. Es ist der zweite der drei **Pastoralbriefe**.

Es war der letzte Brief des Paulus an seinen Weggefährten Timotheus, den er aus einem römischen Gefängnis schrieb. (2.Tim.1,8 &16)

Abgefasst wurde dieser Brief in der Zeit zwischen 63 und 67 n. Chr. Kurz darauf wurde Paulus enthauptet.

Es ist ein Brief, der seinem Schüler und auch uns heute für die Dienste im Auftrag unseres Herrn Mut zusprechen soll, damit wir uns auch in Bedrängnissen im Glauben bewähren.

Kap. 1:

V.1:

Paulus weist sich auch hier – wie in anderen Briefen – als Apostel (= Gesandter, Bote => Amt des Paulus) aus.

Diese Einführung wäre gegenüber Timotheus sicherlich nicht nötig gewesen, da er ja des Paulus Schüler war.

Diese Formel lässt jedoch den Schluss zu, dass Paulus davon ausging, dass nicht allein sein Schüler, sondern ein viel breiteres Publikum diese Worte erfahren sollte, auch wenn er unmittelbar nur Timotheus anspricht.

Der Apostel erklärt hier, dass er sein Amt „durch Gottes Willen" bekommen hat. Dies macht er im 1. Brief an Timotheus durch die Worte „nach Befehl Gottes" verständlich.

Beide Ausdrucksweisen meinen im Grunde dasselbe, denn Gott gibt einem keinen Auftrag oder ein Amt, wenn es nicht auch sein Wille wäre. **Gottes Willen ist also immer eine Aufforderung (Befehl), der ein getreuer Diener nachkommt!**

Paulus macht den Lesern auch gleich das Hauptanliegen des Apostelamtes deutlich (.. nach der Verheißung des Lebens in Christus Jesus ..).

Dieses Amt diente dazu, die Gottesverheißungen bekannt zu machen und die Menschen zu dessen Annahme zu bewegen.

Das Evangelium war und ist der Grund und Maßstab des Apostelamtes.

.. meinem geliebten Kind .. (LÜ Sohn)

Mit diesen Worten unterstreicht Paulus abermals seine väterliche Bindung zu Timotheus (vgl. 1.Tim1,2), vor allem aber, was dessen Funktion als Leiter und Nachfolger des Paulus in der Arbeit für Gott anbetrifft.

Da der Apostel oft die durch ihn zum Glauben gekommenen auf diese Art ansprach, lässt diese Stelle auch den Schluss zu, **dass Timotheus von Paulus selbst bekehrt wurde.** (1.Kor.4,14-17)

Die restlichen Worte entsprechen der üblichen Grußformel in seinen Briefen.

Dank des Paulus für den Glauben des Timotheus

V.2-5:

Im ersten Brief an seinen Schützling hatte Paulus seinen Dank für seine eigene Rettung, sowie für die Würdigkeit des empfangenen Apostelamtes Gott dargebracht. (vgl.1.Tim.1,12)

Nun dankt er Gott für die Rettung von Timotheus und für den Dienst, den dieser leistet.

Er bekennt seine tiefe Zuneigung zu Timotheus, indem er ihm verdeutlicht, dass er stets in seinen Gebeten daran erinnert wird, für ihn zu beten und er äußert auch gleichzeitig den tiefen Wunsch, eines freudigen Wiedersehens mit Timotheus. Denn Paulus erinnert sich an die Tränen, welche Timotheus bei ihrem letzten Abschied vergossen hatte. Wo diese Begebenheit geschah, wird nicht berichtet. Jedoch könnte es vor der zweiten Gefangennahme des Paulus in Rom gewesen sein.

Er bescheinigt Timotheus einen ungeheuchelten (echten, wahrhaftigen) Glauben und erinnert sich und ihn daran, dass er in seiner Großmutter und in seiner Mutter gute Vorbilder dafür hatte.

Sein Dank gilt Gott dafür, dass der Samen, der damals ausgestreut wurde, in und durch ihn weiterwächst und gedeiht.

Lois   (Großmutter) = besser, wohlgefällig;

Eunike (Mutter) = die Siegreiche; Frau eines Griechen in Lystra, jüdischer Abstammung (vgl.Apg.16,1)

Beide Frauen waren gläubige Christinen.

Sein Vater hingegen (Grieche), bekehrte sich wahrscheinlich nicht zum Glauben an Jesus.

Dies ist auch der anzunehmende Grund, warum hier nicht näher auf ihn eingegangen wird.

Paulus bestätigt seinem Schüler Timotheus, dass er davon überzeugt ist, dass auch er diesen Glauben hat, den er unzweifelhaft damals in Lystra vorfand.

Aufgrund dieser Worte wird sich Paulus selbst ganz neu der Tatsache bewusst, wie viel auch er seinen Vorfahren verdankt, von denen er lernte, Gott gewissenhaft und aufrichtig zu dienen.

V. 6+ 7:

Da sich Paulus dieses wahrhaftigen Glaubens bei Timotheus sicher ist, was er bei anderen oft in Zweifel zog (1. Thes. 3,5), erinnert und ermutigt er seinen Schützling, die Geistesgabe, welche er empfangen hat und die ihn in einzigartiger Weise für sein Amt befähigt, nicht verlöschen zu lassen. Gottes Gaben müssen eingesetzt werden, damit das Reich Gottes gebaut werden kann.

Ermutigend erinnert Paulus seinen Schüler, dass er durch Handauflegung der Ältestenschaft (1.Tim.4,14) sogar eine Weissagung empfangen hat und er sich deshalb seiner Berufung und seiner Fähigkeiten gewiss sein kann, ja sogar muss.

Charismata = Gnadengabe (unverdientes Geschenk) Gottes

Bei allem, was er für Gott tut, kann und darf er sich bewusst werden, ohne Furcht an die Sache heran zu gehen, wo auch immer Gott ihn hinstellt.

Als Timotheus in seinen Dienst eingeführt wurde, schien es einige Probleme bezüglich seiner jungen Jahre zu geben. (1.Tim4,12)

Möglich ist auch, dass er durch die Opposition, die sich gegen Paulus und auch ihn aufgetan hatte, er sehr eingeschüchtert, vielleicht sogar ängstlich war und sich fürchtete. (2.Tim.1,8)

Paulus fordert seinen Schützling auf, diesem Geist durch den von Gott gegebenen Heiligen Geist zu widerstehen und erinnert Timotheus daran, sich auf den Geist zu besinnen, der ihm geschenkt worden ist und nicht darauf zu achten, welcher Wind ihm entgegen bläst.

Denn eine solche Furcht (griech. *deilias* = wörtl. Feigheit), hat keinen Platz im Dienst für Gott.

Vielmehr erhält ein Soldat Gottes alles Notwendige von Gott persönlich, um im Kampf gegen die Gewalten, gegen die geistigen Mächte der Bosheit in der Himmelswelt (Eph.6,12) zu widerstehen.

Der Geist der Kraft, der Liebe und der Besonnenheit ist durch den Heiligen Geist von Gott gegeben, auf den sich auch Timotheus stützen soll und darf.

Er ist es, der ihm den rechten Weg zeigt, so dass er auf keine Lügen hereinzufallen braucht. (1.Tim.4,7)

In Timotheus sollen diese Gottesgeschenke immer lebendig sein.

V.8 – 10:

Wenn Timotheus sich dieser Dinge immer bewusst ist, so haben Angst und Furcht keinen Platz in seinem Leben und er wird seinen Gegnern immer standfest gegenüberstehen.

In diesem Bewusstsein braucht sich Timotheus des Zeugnisses des Herrn Jesus nicht zu schämen und hat darin in seinem Lehrer Paulus auch das Vorbild hierzu. (Rö.1,16)

Denn auch Paulus, welcher der Gebundene Christi Jesu ist (Eph.3,1), schämt sich nicht, dies zu sein, obwohl er um Jesu Willen im Gefängnis in Ketten liegt. Im Gegenteil: Paulus ermutigt seinen Lehrling, mit ihm für die Frohe Botschaft (Evangelium) zu leiden.

Denn gerade unter solch schweren Bedingungen manifestiert sich die Kraft Gottes in besonderer Weise. (2.Kor.12,9+10)

Mut machend und bestärkend erinnert der Apostel seinen Mistreiter abermals an die wichtigsten Merkmale und macht ihm deutlich, was er und Timotheus eigentlich verkündigen.

Die Errettung aus der Gefangenschaft der Sünde und die darauf folgende Berufung zum Teilhaber des Reiches Gottes (Hebr.3,1), ist eine vollendete Tatsache und keine Prophetie, die erst noch erfüllt werden muss. Deshalb kann sich Timotheus in seiner Arbeit auch immer auf die Kraft Gottes verlassen und sie für sich in Anspruch nehmen.

Nicht wir, oder unser guter Lebenswandel haben dies bewirkt, *sondern es ist ein unverdientes Geschenk Gottes durch Jesus Christus*. Diese Erlösung beruht nicht auf Werksgerechtigkeiten, sondern basiert und geschieht nach dem Ratschluss Gottes (Rö.8,28) und nach seiner Gnade. Dies ist die Kernaussage des Evangeliums überhaupt. (Eph.2,8-10)

Diese unverdiente Gnade, welche der Welt durch die Erscheinung (griech. = epiphaneia) Jesu Christi geoffenbart wurde, bewirkte, dass dem Tod die Macht genommen wurde, die Menschen noch länger gefangen zu halten.

Mit Jesus kam der Sieg über den Tod und somit die Gewissheit auf ewiges Leben. Jesus hat den Stachel des Todes wirkungslos gemacht!

In ihm haben wir das Ewige Leben, ein unvergängliches Wesen, das völlig frei ist, vom Zerfall.

V.11 + 12:

Zur Verkündigung der wichtigsten Botschaft für die Welt, ist Paulus als Prediger (Verkündiger), Apostel und Lehrer eingesetzt worden.

Alle drei Funktionen, welche er hier erwähnt, bedeuten im Grunde dasselbe. Er ist Botschafter an Christi statt.

Diese Verantwortung, welche Paulus von Gott aufgetragen bekam, brachte ihm viele Leiden ein, nicht zuletzt seine gegenwärtige Situation.

Und dennoch – auch um dies noch einmal deutlich zu machen – schämt er sich dessen nicht – im Gegenteil. Er setzt sein ganzes Vertrauen auf den Einen, der ihm das Evangelium anvertraut hat, weil er weiß, wem er vertraut.

Paulus verdeutlicht Timotheus, das er nicht die Gegenwärtige Situation zum Maßstab nehmen soll, in der er mutlos ist, sondern vielmehr auf das Ende und auf das zu Erwartende sehen soll.

Denn trotz der Erniedrigungen und der Misshandlungen, die Paulus zuteilwurden, ist sich dieser gewiss, dass ihn Gott am Ende rechtfertigen wird. (2.Tim.4,8)

V.13 +14:

Nach dieser Vorrede über sein eigenes Leben und Handeln mit u. für Jesus, fordert der Apostel seinen Schüler auf, dem Vorbild zu folgen, dem auch er folgt.

Gleichzeitig ermutigt er Timotheus, die *heilsamen Worte*, die er von ihm gehört hat (1.Tim.1,5-16), als Weisungskern und Grundgerüst seiner eigenen Verkündigungstätigkeit zu gebrauchen und diese im Glauben und in der Liebe in Christus Jesus bewahren.

Damit macht Paulus deutlich, dass derjenige, der sich in den Dienst der Wahrheit stellt, diesen nicht ohne Glauben und Liebe tun kann.

Ebenso wird klar, dass diese Tugenden nur der besitzt, der ein Leben mit Jesus führt und der zu ihm eine persönliche Beziehung hat, da diese Dinge nur letztlich daraus erwachsen können. (1.Tim1,14)

Der Apostel erinnert seinen Schüler noch einmal eindringlich (1.Tim6,20) sich nicht von dem vorgesteckten Ziel und dem Weg dorthin abbringen zu lassen.

Der Auftrag des Paulus zur Reinerhaltung der Wahrheit ist nun auf seinen Schüler Timotheus übergegangen. Dieser wiederrum soll ihn an andere weitergeben.

Paulus erhofft sich hieraus eine Kettenreaktion.

Timotheus ist viel anvertraut. Deshalb trägt er auch die Verantwortung, dies alles zu bewahren und darauf zu achten, dass nichts davon verfälscht und einer falschen Lehre zum Opfer fällt.

Gelingen kann ihm dies nur, durch den Beistand des Heiligen Geistes, *der in uns wohnt.*

Damit bringt Paulus klar zum Ausdruck, dass sich sein Schüler vor solchen Situationen der falschen Lehre nicht zu fürchten braucht.

Denn, wenn er sich auf den Heiligen Geist verlässt, wird dieser ihn immer in alle Wahrheit leiten. (1.Joh.3,24; 4,13)

V.15 – 18:

Mit Ausnahme dieser Stelle, erfahren wir von Phygelus und Hermogenes nichts mehr. Da sie Paulus gerade im Zusammenhang der Abtrünnigkeit in der röm. Provinz Asien erwähnt, lässt schlussfolgern, dass er es von ihnen Beiden am wenigsten erwartet hätte, oder aber sie für die ganze Misere verantwortlich zeichneten.

Auch ist es möglich, dass die Beiden dort, (vermutlich in Ephesus) leitende Funktionen inne hatten.

Jedenfalls muss Timotheus über sie Bescheid gewusst haben, sonst würde sie Paulus hier nicht besonders hervorheben.

Das Wort „alle" bezeichnet nicht den geistigen Zustand der Gemeinde in Asien. Vielmehr deutet Paulus darauf hin, dass sich die Gemeinde dort *seines* gegenwärtigen Zustandes nicht bewusst ist und prangert den Mangel an persönlicher Fürsorge ihm gegenüber an.

Und er führt auch gleichzeitig in der Person des *Onesiphorus* das Gegenbeispiel dazu an, der ihn nicht nur in Ephesus, sondern auch in Rom tatkräftig unterstützte.

Dieser hatte sich nicht einmal der Ketten des Paulus geschämt.

Daraus lässt sich schließen, dass er dem Paulus nicht nur nach Rom gefolgt war, sondern ihn selbst in seiner Gefangenschaft besuchte und ihm auch dort noch eine große Hilfe war.

Für diese Treue lobt ihn Paulus hier und erbittet sogar zweimal für ihn Gottes Barmherzigkeit für den treuen Diener und sein ganzes Haus. (V16+18)

Dieser Onesiphorus verkörpert all die Tugenden, zu denen Paulus seinen Schüler anhalten möchte. Mut, Liebe, Selbstüberwindung und Glaubensfestigkeit.

Mit diesem Aufzeigen der Gegensätze, möchte Paulus seinen Schützling bestärken, mit ihm auf einer Ebene weiterzukämpfen und sich von eventuellen Querschlägern nicht entmutigen zu lassen.

Kap. 2:

Aufruf zu erneuter Standfestigkeit im Hinblick auf das Ziel

V. 1:

Nachdem Paulus das Beispiel des Onesiphorus, sowie andere, negative Beispiele dargelegt hat, ermutigt er seinen Schützling erneut, standfest zu sein und zu werden, auch wenn dies mit zum Teil großen Schwierigkeiten verbunden sein kann – oder wird.

Ganz liebevoll (mein Kind) spricht er Timotheus an, ohne jedoch die eigentliche Sachlage des täglichen Kampfes zu beschönigen.

Jedoch darf Timotheus wissen, dass er die Kraft, welche dazu benötigt wird, nicht aus sich selbst empfängt, sondern sie ist eine Gabe Gottes (Gnadengabe= charis), die der Mensch nur in und durch Jesus finden kann. Dieses Bekenntnis schreibt Paulus auch an die Gemeinde zu Philippi, indem er Ihnen verdeutlicht: **Alles vermag ich in dem, der mich kräftigt!**   (Phil.4,13)

V. 2:

Der Schreiber erinnert seinen Schüler daran, dass er sich von und durch niemanden in irgendwelche Zweifel verstricken lassen soll, indem er ihn an frühere, gemeinsame Reisen erinnert. Ganz gleich, wo sie auch immer waren und wer, oder wie viele ihnen zugehört haben, der Kern der Botschaft, die Paulus verkündigte, war immer derselbe.

Es war dieselbe Wahrheit, die er seinem Schüler auch persönlich gelehrt hatte.

Nun war es die Aufgabe des Timotheus, das Gelehrte und Gesagte wiederum an andere, treue Menschen, die es ihrerseits wieder weitergeben werden, zu verkündigen.

Wen Paulus dafür als „tüchtig" erachtet, hatte er Timotheus bereits in seinem ersten Brief mitgeteilt. (1.Tim.3,2 ff)

Es war für Paulus sehr wichtig, dass das Wort sich unter den Menschen multiplizierte.

Dies muss auch unser Bestreben heute sein, wenn wir die Frohe Botschaft verkündigen. Wenn der Domino – Effekt erzielt wird, werden die meisten Menschen erreicht.

V. 3 – 4:

Paulus verschweigt nicht, dass das Festhalten an göttlicher Wahrheit in dieser Welt unausweichlich zu Kampf und Leid führt.

Dies hat uns unser Herr Jesus selbst schon sehr deutlich vor Augen geführt, wenn er sagt: „Wer mir nachfolgen will, der nehme sein Kreuz auf sich, täglich!" (Lk.9,23)

Genau diese Botschaft ruft Paulus auch seinem Schützling zu und fordert ihn auf, ohne Beschönigungen um Christi Willen Not und Bedrängnis auf sich zu nehmen und mitzuleiden. (Joh.15,18-20)

V. 5:

Beinahe wie ein fliegender Wechsel, springt Paulus vom Bild des Soldaten auf das, des Athleten über. Ähnlich wie in 1.Kor.9, 24 –27, nimmt er auch hier das Bild des Sportlers, der seinerseits nur den Sieg davon tragen kann, wenn er den Regeln des Wettkampfes entsprechend qualifiziert und vorbereitet ist.

Dies wiederum bedarf einer intensiven Vorbereitungszeit, verbunden mit hartem Training.

Ein etwa gleiches Bild verwendet auch der Schreiber des Hebräerbriefes (Hebr.12,1-2).

Wer richtig vorbereitet ist, dem können auch die Strapazen des eigentlichen Wettkampfes nichts anhaben. Er ist fähig, sich den eigentlichen Kampfhandlungen zu stellen. Wer sich nicht an die Wettkampfregeln und Satzungen hält, wird disqualifiziert und kann daher nicht gekrönt werden.

Paulus ist es aber wichtig, dass sein Schüler diesen Siegeskranz, mit denen die Sieger eines Wettbewerbs in der Antike gekrönt wurden, erhält.

Es ist ihm wichtig, stets das Ziel vor Augen zu haben, dass man nur erlangt, durch hohe Disziplin, Selbstbeherrschung und Durchhaltevermögen.

V. 6:

Als weiteres Beispiel für das Ausharren nennt Paulus den Bauer und hebt hier zwei Gegensätze hervor.

Er spricht von dem Bauer, der den Acker bebaut – im Gegensatz zum faulen, trägen Arbeiter.

Auch hier erkennen wir deutlich, dass es Paulus darum geht, sich nicht umsonst abzumühen und zu Investieren – im Gegenteil.

Der bemühte Bauer hat das Recht, den ersten Anteil seiner erbrachten Arbeit einzufahren.

In all diesen Beispielen hebt Paulus hervor, dass Sorgfalt und Mühe bei Gott nicht unbelohnt bleiben!

Ein tüchtiger Soldat erwirbt sich die Hochachtung seines Vorgesetzten, ein hart trainierender Sportler erlangt im Wettkampf den Sieg und der fleißige Bauer genießt die Früchte seiner Arbeit zuerst.

So lässt Gott auch unser Einsetzen und unser Wollen nicht unbelohnt.

Denn Jesus selbst sagt uns: „denn der Arbeiter ist seines Lohnes wert!" (Lk.10,7)

V. 7:

Paulus richtet einen Appell an seinen Schüler und fordert ihn auf, über das Gesagte ernsthaft nachzudenken.

Gleichzeitig ist er aber auch überzeugt, dass Gott dem Timotheus Verständnis = Einsicht schenken wird, wenn sich dieser ernsthaft und intensiv mit den erteilten Anweisungen beschäftigt.

Gott wird seinen Schüler nicht im Ungewissen lassen, sondern ihn in alle Wahrheit (der Weisungen) hineinführen.

Jakobus bestätigt dies in seinem Brief, wenn er sagt:

„Wenn aber jemand von euch Weisheit mangelt, so bitte er Gott, der allen willig gibt und keine Vorwürfe macht, und sie wird ihm gegeben werden." (Jak.1,5)

Jesus als Vorbild

V. 8:

Ohne große Überleitung greift Paulus **das Vorbild in und für alles** – auch für das Ausharren auf: **Jesus Christus selbst!**   Vgl. Hebr.12, 2+3

Dieses Vorbild soll Timotheus stets vor Augen haben und sich immer ins Gedächtnis rufen, wie dieser Jesus für ihn (und uns) ausgeharrt hat.

Paulus schreibt hier Bekennerhaft und ermutigt Timotheus dazu, sich immer dessen bewusst zu werden, dass Jesus, der als Sohn Gottes und Retter dieser Welt bestätigt wurde, (vgl. Jes. 42,1; Sach. 9,9; Mt.3,17), der wahrhaftige Herr ist.

Denn er wurde gemäß der Prophetie als Mensch, aus dem Geschlecht Davids geboren und hat den Tod und die Macht des Teufels besiegt. (Apg. 2,36; Rö.1,1-4)

Diese Wahrheit ist der Grundbestandteil des Evangeliums, dass Paulus und durch ihn somit auch Timotheus, zur Verkündigung anvertraut wurde. (1.Kor.15,1+2a)

V. 9:

Die Verkündigung dieses Evangeliums, vom gekreuzigten und auferstandenen Christus, hat Paulus in römische Gefängnisse und schließlich vor den Kaiser in Rom selbst gebracht.

Er fasst diese Leiden in 2.Kor.11, 23-33 zusammen.

Er erlitt viel, um des Namens Jesu Willen, bringt aber in **2. Kor.12** zum Ausdruck, dass ihm dies sehr wohl bewusst war. Denn dieser Jesus, den er zuvor verleugnete, sprach zu ihm: *„Meine Gnade genügt dir, denn meine Kraft kommt in Schwachheit zur Vollendung."* (2.Kor.12,9-10)

Als Paulus diese Zeilen an Timotheus diktierte, waren ihm die Fesseln, welche er um Jesu Willen ertrug, sehr gegenwärtig. Und er erinnerte sich genau daran, dass er wie ein Übeltäter gebunden war.

Aber er war und ist sich trotz aller menschlichen Gebundenheit bewusst, dass das Wort Gottes nicht gebunden ist, noch gebunden werden kann.

Da Paulus nicht sein, sondern das Evangelium Gottes verkündigt, ist es daher unerheblich, wenn er gebunden ist. Denn seine Gefangenschaft tut der Verkündigung keinen Abbruch.   (Phil.1,12-14)

V. 10:

In dem Bewusstsein, dass Gottes Wort sein Ziel erreicht, ist die prekäre Lage des Paulus für ihn kein Grund zur Besorgnis oder Entmutigung.

Auch wenn er gebunden ist, so werden die Auserwählten – das Volk Gottes – dennoch erreicht werden, damit auch ihnen die Rettung zuteilwird.

Paulus ist sich sicher, dass Gott seinen Schüler Timotheus und darüber hinaus noch viele andere gebrauchen kann - und wird.

Auch wenn dies mit großen Opfern verbunden ist, so ist der Apostel gerne bereit, diese um der Auserwählten Willen auf sich zu nehmen.

Der, welcher die „Sekte der Jesus – Anhänger" buchstäblich bis aufs Blut verfolgte, dieser ist zu ihrem treuesten Freund geworden. (Apg.26, 9-19)

Bekenntnis des Paulus

V. 11+12:

Wie in den Pastoralbriefen üblich, verwendet Paulus auch hier als Einleitung für ein Zitat die bestätigende Formel „Das Wort ist gewiss = zuverlässig" (oder „das ist gewisslich wahr").

Auf diese Weise identifiziert er sich mit dem Inhalt des nun Folgenden.

Dieser stammt möglicherweise aus einer Taufliturgie.

Paulus selbst durfte dieses „Sterben" des alten Menschen erfahren und zeigt uns dies im Römerbrief eindrucksvoll auf.   (Rö.6,2-23)

Bestätigt wird diese Aussage auch durch die Worte Jesu, der unmissverständlich aufzeigt:

„Wer sein Leben behalten will, der wird es verlieren, wer es aber verliert um meinetwillen, der wird es gewinnen!" (Mt.10,39)

Diese Erfahrung des Sterbens des alten Menschen, gibt Paulus an seinen Mitstreiter weiter und erklärt, dass ein Weiterleben nach dem irdischen Dasein nichts mit Märtyrerei zu tun hat, sondern mit dem Loslassen des alten Menschen.

Wenn wir dies zulassen, werden wir das Leben gewinnen.

Ebenso, wenn wir wie Paulus, um des Namens Jesu Willen erdulden (ausharren), so werden wir mit Jesus herrschen.

Wir werden ihm gleichgestaltet sein (Phil.3,10) und Miterben seines Königreiches. (Rö.8,17)

Dies alles setzt also die Identifikation des Gläubigen mit seinem Herrn voraus.

Jesus hat dies alles geduldig auf sich genommen. Darum hat ihn Gott auch erhöht. (vgl.Phil.2,5-11)

Alle, die diesem Vorbild Jesus nacheifern – die Heiligen – werden mit ihm herrschen! (Offb.3,21)

Aber Paulus zeigt auch die andere Seite auf und bestätigt auch hiermit wiederum die Worte Jesu. (Mt.10,33)

Hier wird deutlich, dass ich als Christ sehr wohl vom Glauben wieder abfallen kann. (2. Joh.9; Hebr.10, 38-39)

Ein nur zeitweises Berufen auf Jesus hat nach seinen eigenen Worten die endgültige Verwerfung zufolge. (Mt.10,33)

Statt Christus immer mehr gleich zu werden, wird ein Abtrünniger wieder untreu.

V. 13:

Dagegen weißen die folgenden Worte eine echte Vater – Sohn – Beziehung aus. Das Kind, welches in die falsche Richtung läuft, wird von Gott nicht verworfen, sondern auf den rechten Weg gewiesen. (Lk.15, 11-24)

Auch wenn wir uns „verirren", ist Jesus der gute Hirte, der **sich nicht verleugnen kann,** und deshalb dem verlorenen Schaf nachgeht, bis er es gefunden hat. (Joh.10,27+28)

Die Treue Jesu zu den Seinen ist nicht abhängig von ihrer Treue zu ihm!

Treue zu Gott und seinem Wort – kein Platz für Menschenweisheit und Irrlehren

Kennzeichen eines guten Arbeiters

V. 14:

Paulus warnt in den folgenden Versen eindringlich davor, sich plötzlich von unwichtigen und nichtigen Dingen beherrschen zu lassen.

Es geht darum, den Blick nicht auf das Unwesentliche zu richten, indem man sich nutzlosen Streitfragen hingibt.

Alle Anweisungen des Paulus waren nicht nur für eine Person bestimmt, sondern auch für die anderen Christen.

Daher fordert er Timotheus auf, die anderen stets an das Verordnete zu erinnern und dabei nicht nachzulassen.

Gleichzeitig ruft er seinem Schüler auch sein Handeln in Erinnerung. (1.Tim.5,21) Dieses Ablenken vom Wesentlichen, soll Timotheus schnellstmöglich unterbinden, indem er mit Geduld und Gottes Weisheit den Anderen immer wieder ins Gedächtnis ruft, was sie eigentlich schon wissen.

Deshalb sind immer wieder Ermahnungen von Nöten, nicht in Wortstreitereien zu verfallen, da dies die Zuhörer nicht bestärkt, sondern verunsichert und keiner mehr am Ende weiß, was er glauben kann/soll, und was nicht.

V. 15:

Timotheus selbst soll hier mit gutem Beispiel voran gehen.

Denn seine Reden sollen nicht mit Worten geschmückt sein, um Menschen zu gefallen (1.Thes.2,4), sondern er soll danach bestrebt sein, das Wohlgefallen Gottes zu erlangen.

Dabei soll und kann es Timotheus völlig unerheblich sein, was die Anderen über ihn sagen oder denken. Er braucht sich nicht zu schämen, weder gegenüber den Menschen und schon gar nicht vor Gott (2.Tim.1,8;12).

Vielmehr soll er sich als ein Arbeiter Gottes bewähren, der bei der Wahrheit bleibt und diese ohne Scham austeilt.   (Jak.1,18)

Der Begriff „in gerader Richtung schneiden" bedeutet vom Wortstamm her „recht umgehen mit..." wörtl. „Richtig zuteilen."

Das richtige Zuteilen wiederum beinhaltet, dass sowohl das Wort des AT, wie auch die Weisungen Jesu verbindlich sind. (Mt.13,52; 2.Kor.2,17; Spr.3,5+6;)

Wer mit dem Wort Gottes billig umgeht, muss damit rechnen, dass seine Zuhörer Gott missbilligen und ihn verachten.

V. 16 +17:

Deshalb ist es für Timotheus und alle anderen Heiligen wichtig und gut, sich vom weltlichen, ungeistigen Geschwätz und die daraus folgenden Lehren zu distanzieren und darauf zu achten, dass solche Reden erst gar nicht aufkommen oder sich irgendwie einschleichen können. (1.Tim6,20)

Paulus beschreibt die Wirkungsweise solcher Lehren und Gedanken wie ein Krebsgeschwür, das sich in einen gesunden Körper hineinfrisst und dort immer weiter wuchert, bis es alle gesunden Zellen aufgefressen hat.

Da dies die Zerstörung des Glaubens an Gott und Jesus zufolge hat, warnt Paulus oft davor, indem er auch an die Gemeinde zu Ephesus schreibt: „Gebt dem Teufel keinen Raum!" (Eph.4,27)

Paulus verwendet dieses Bild aus der Medizin, um klar und deutlich den Unterschied zwischen Göttlichem (Heiligem) und Weltlichem herauszustellen.

Das Göttliche ist vollkommen und nicht schädlich, sondern ausschließlich nützlich. Das Weltliche hingegen ist unvollkommen und wer diesem Gedankengut einen Platz einräumt, der verschafft der Lüge Nahrung, damit diese immer mehr um sich greifen kann wie ein Geschwür.

Die Menschen, die der Irrlehre verfallen sind, werden sich durch dieses „Geschwür" von Gott immer mehr entfernen, was die ewige Verdammnis zur Folge hat.

V. 18:

Zwei, die diesen Irrweg eingeschlagen haben, erwähnt Paulus gegenüber Timotheus hier noch einmal. Es sind Philetus und Hymenäus, die Paulus beide dem Satan übergeben hat, damit sie zurechtgewiesen werden, nicht weiter zu lästern. (1.Tim.1,19+20)

Beide sind von der Wahrheit abgeirrt und verbreiteten eine Irrlehre, die Auferstehung betreffend.

Nach ihrem Dafürhalten konnte eine Auferstehung nur geistlich geschehen und niemals leiblich.

Da die griechische Philosophie den Leib des Menschen als das Gefängnis seiner Seele betrachtete, in den diese eine Zeitlang eingesperrt war, war es für viele Menschen damals undenkbar, dass nach dem Tod des Leibes, dieser wieder auferstehen sollte.

Die Seele hingegen galt als unsterblich, folglich musste die Auferstehung als solche bereits bei der Bekehrung oder der Taufe vollzogen worden sein, da sie nach der Lehre dieser Beiden etwas rein geistliches darstellte.

Wie aber Paulus nachwies, (1.Kor.15) ist die Auferstehung des Leibes ein Kernstück der unverfälschten, christlichen Lehre.

Wäre dies nicht der Fall, so wäre das ganze Evangelium erlogen und der Tod Jesu umsonst gewesen.

Denn wer die Auferstehung des Leibes verleugnet, der verleugnet Jesus!

Ein Glaube, der auf ein solches Lügengebäude gebaut ist, wird bestandslos sein. Und jeder, der dieser Irrlehre glaubt, wird umstürzen, wie das Haus, das auf Sand gebaut ist.

V. 19:

In all diese Tragik hinein macht Paulus seinem Kind wieder Mut, indem er ihm zuruft, dass selbst der Abfall vom Glauben dieser Männer und denen, die sich verführen lassen, für ihn kein Grund zu verzweifeln ist.

Denn das Bauwerk Gottes – seine Kirche (1.Kor.3,10-15; Eph.2,19-22) besteht – auch wenn solche Abirrungen geschehen, fort. Denn es ist Gottes – und nicht Menschenwerk.

Trotz all der Abweichler, kennt Gott die genau, welche sich nicht nach Menschenweisheit richten, sondern ihm gehorchen. (Joh.10,14; Nah.1,7)

Gott unterscheidet sehr wohl, zwischen den wahren Gotteskindern und denen, die nur Lippenbekenner sind.

Schon im AT erfahren wir von solchen Widersprüchen und auch hier zeigt Gott schon deutlich auf, dass es nicht damit getan ist, den Namen Gottes auszurufen, aber ein Leben nach eigenen Vorstellungen zu führen. (Jud.11; 4. Mo.16,3-5+26)

Gott selbst war es, der eine Unterscheidung zwischen wahren und falschen Gotteskindern vornahm.

Auch Jesus bestätigt uns dieses Vorgehen, indem er verdeutlicht:

„Nicht jeder, der zu mir sagt: Herr, Herr! Wird in das Reich der Himmel hineinkommen, sondern wer den Willen meines Vaters tut, der in den Himmeln ist." (Mt.7,21)

Das verfälschte Siegel, das letztlich eine Maskerade darstellt, hat vor Gott keinen Bestand, da Gott nur an Wahrhaftigkeit interessiert ist.

Gottes Macht ist souverän und durch nichts und niemanden zu erschüttern.

Daher hat Timotheus keinen Grund, sich um den Ausgang des Werkes Gottes zu sorgen.

Jedoch ist und bleibt es seine – und somit auch unsere Eigenverantwortlichkeit, sich von dem Gift der Irrlehren fern zu halten.

V. 20 +21:

Wenn wir wirklich Gott, und nicht der Welt dienen wollen, ist es wichtig und notwendig, dass wir gereinigt und geheiligt sind.

Paulus unterstreicht dies, indem er zwei weitere Beispiele dazu anführt.

In einem großen Haus (Gemeinde) gibt es die unterschiedlichsten Gefäße. Ausschlaggebend ist dabei nicht, ob sie aus Edelmetallen, oder „nur" aus Holz oder Ton (irdene) gefertigt sind, sondern der Inhalt derselben ist entscheidend.

Alle Gefäße sind zwar im selben Haus, jedoch sind die Einen zur Ehre (Gottes), die anderen aber zur Unehre.

Die Einen halten fest an Gottes Wort und trachten und leben danach, die anderen sind zwar „äußerliche" Christen, indem sie vielleicht mit ihren Lippen bekennen, dass sie Gott lieben, inwendig – in ihren Herzen jedoch haben sie sich von Gott abgewandt und sich der Welt, und somit falschen Lehren verschrieben.

Um nun aber ein wirklich heiliges d. h. abgesondertes, dem Hausherrn wohlgefälliges Leben führen zu können, gibt Paulus seinem Mitstreiter die klare Anweisung, diese verschmutzten und zur Unehre geratenen Gefäße nicht etwa in eine Ecke des Raumes zu stellen und dann so zu tun, als sei alles in Ordnung, sondern er macht klar, dass hier eine klare Trennung (Reinigung) von solchen Gefäßen geschehen muss.

Paulus geht nicht darauf ein, wie ein Prozess in Gang gesetzt werden könnte, diese, letztlich für den Hausherrn unbrauchbaren Gefäße, zu reinigen, sondern gibt hier die Anweisung, einen „klaren Schnitt" zu machen.

Da gemäß dem Wort Gottes das Licht mit der Finsternis nichts gemeinsam hat (2.Kor.6,14), ist es für Timotheus, und uns alle wichtig, uns von diesen Irrlehren klar zu distanzieren.

Erst dann ist Timotheus (und wir) ein Gefäß zur Ehre Gottes, das geheiligt (abgesondert), brauchbar und zu jedem guten Werk für den Hausherrn (Gott) vorbereitet ist.

Auch Jesus macht in dem Gleichnis vom Weinberg (Joh. 15,1-8) klar, dass Gott genau dieselbe Trennung vollzieht.

Jeder, der nichts mit Jesus zu tun haben will, wird aus dem Weinberg entfernt.

Wer sich aber zu ihm bekennt, der wird, genau wie die Gefäße, gereinigt, damit er viel Frucht bringt. (V 2).

Die ungereinigte Rebe aber wird hinausgeworfen (V 6). Sie ist bestandslos vor Gott und ist daher für das Reich Gottes nicht geschaffen. (Unehre)

Da Paulus sehr daran gelegen hatte, dass sein auserwählter Schüler ein für Gott brauchbares Werkzeug war, sorgte er sich sehr darum, dass er mit dem verunreinigten nicht in Berührung kam.

V. 22:

Statt sich mit dem Nichts wertigen abzugeben, soll Timotheus die Gemeinschaft der Heiligen (Abgesonderten) nicht verlassen.

Auch Timotheus war noch nicht vollkommen und hatte in seinem Lebenswandel wohl einige Merkmale und Leidenschaften aufzuweisen, die nicht gottgefällig waren. Da er noch recht jung gewesen sein muss (1.Tim.4,12), ermahnt ihn Paulus, nicht länger an den Begierden der Jugend festzuhalten (z. B. Ungeduld, Selbstgerechtigkeit, Streitlust).

Stattdessen soll sein Schüler nach der Gerechtigkeit (von Gott), dem Glauben (an Gott) und der Liebe (zu Gott und den Mitmenschen) streben.

Schon einmal hatte Paulus seinen Schüler darauf hingewiesen (1.Tim6,11) und bestärkt ihn hier noch einmal.

Dabei ist er nicht auf sich allein gestellt, denn er kann und soll dies tun, mit allen, die den Herrn aus reinem Herzen anrufen.

Auch hier stellt Paulus deutlich heraus, dass es Menschen gegeben haben muss, die Gott zwar anriefen, aber dies nicht aus reinem Herzen taten.

V. 23:

Vor diesen Irrlehrern und unreinen Gefäßen soll sich sein Schüler in Acht nehmen und nicht auf ihre Wortklaubereien hereinfallen.

Wohin solche Streitigkeiten führen, hatte Paulus Timotheus schon in seinem ersten Brief deutlich gemacht. (1.Tim6,4)

Trotzdem erinnert er ihn noch einmal mit aller Eindringlichkeit daran, nur mit den Glaubensbrüdern (und Schwestern) Gemeinschaft zu halten, die im Einklang mit Gottes Willen leben.

Auch hier weist die logische Schlussfolgerung aus, dass dies mit solchen, die Irrlehren verbreiten nicht funktionieren kann.

V. 24:

Paulus zeigt an dieser Stelle seinem Schüler sehr eindringlich auf, wie Jesus war und wie er gelebt hat. (Mt.12,19)

Anstatt sich dieser Welt gleichzustellen, und immer wieder nur Streit und Uneinigkeit zu säen, soll ein Knecht Gottes nicht streiten, sondern dafür alles tun, dass in der Gemeinschaft Einigkeit herrscht.

Dies kann er nicht damit erreichen, indem er Gewalt sät, sondern nur dadurch, dass er jedermann gegenüber handelt, wie es Jesus tat.

Da die Liebe Christi in unsere Herzen ausgegossen ist (Rö.5,5), sollen, müssen und können wir jedem Einzelnen in dieser Liebe auch begegnen.

Da der Mensch das erntet, was er sät (Gal.6,7), so bringt Gewalt nur wieder Gewalt hervor und somit Milde (Freundlichkeit) auch letztlich Freundlichkeit.

Der Apostel verdeutlicht dies auch in seinem Brief an die Gemeinde zu Thessalonich. (1.Thes.2,7)

Dort schreibt er, dass auch er sich als Apostel ihnen gegenüber hätte verhalten können, wie die „Axt im Walde."

Aber, er tat es nicht, sondern gab sich für die Gemeinde hin, wie eine stillende Mutter (od. Amme), die ihren Säugling pflegt.

Genau so hat sich auch unser Herr, Jesus verhalten, der wie immer, auch hier unser Lehrmeister ist.(Phil.2,5-10)

V. 25:

Denn andere mit Geschick zu lehren und die Bereitschaft, Böses ohne Groll zu ertragen, sind das, was uns Jesus vorgelebt hat.

Dies kann und wird uns mit Gottes Hilfe selbst bei unseren Widersachern gelingen, wenn wir sie in/mit der Sanftmut Jesu zurechtweisen.

Dies bedeutet nicht, dass wir mit einer „Eselsgeduld" auf unserem Standpunkt beharren, sondern uns vom Heiligen Geist die richtigen Worte und den richtigen Weg aufzeigen lassen, unseren Mitmenschen, der nicht an Gott glaubt, gottgemäß zu unterweisen und ihm die Erziehung Gottes angedeihen zu lassen.

Auf diese Weise eröffnen wir selbst unserem Feind die Möglichkeit, das Angebot Gottes anzunehmen, und auch sein Herz zur Umkehr (Buße) reinigen zu lassen, wie es auch Phillipus den Zauberer gelehrt hat. (Apg.8,22)

Die Annahme dieses Geschenkes liegt aber letztlich bei jedem Einzelnen selbst.

Hier macht Paulus noch einmal klar, dass es nicht an Gott, sondern an uns Menschen selbst liegt, ob wir letztlich errettet oder verloren sind.

Denn Gott möchte, dass keiner verloren geht, es kommt aber auf uns an. (1.Tim.2,4)

V. 26:

Paulus geht es darum, dass Reich Gottes aufzubauen und nicht niederzureißen.

Wenn Mitchristen einer Irrlehre erlegen sind, so ist es wichtig, sie in Sanftmut und in der Liebe Jesu zu belehren, damit sie wieder nüchtern werden.

Dies bedeutet, dass sie wieder einen klaren Blick für alles erhalten und nicht länger den Verneblungen des Teufels Raum gewähren und durch seine Fallstricke immer neu stolpern und umfallen.

Denn wir sind durch Jesus zur Freiheit berufen (Gal.5,1) und müssen nicht länger dem Satan gehorchen.

Irrlehren und ihre Folgen sind stets das Werk Satans.

Doch Gott will und kann aus diesen Fallstricken befreien.

Dazu braucht und gebraucht er die gewissenhafte Pflichterfüllung seiner Diener.

Kap.3:

Hinweis auf die Endzeit – Der Abfall vom Glauben

Aufgrund dessen, dass sich die Menschen von Gott abwenden, und immer mehr den Irrlehren der Menschen zuwenden werden, verdeutlicht Paulus seinem Schüler das Resultat dieser Handlung.

Schon in seinem ersten Brief (1.Tim.4,1-3) weist Paulus auf diese Ereignisse hin, welche für die **letzten Tage** der Welt prophezeit sind.

Damit macht Paulus auch klar, dass es Timotheus nicht befremden soll, wenn er in der Gemeinde so viel Böses entdeckt. Paulus versichert ihm, dass es noch schlimmer kommen wird, je näher das Ende rückt.

V. 1-5:

Es werden in diesen Tagen schlimme Zeiten gesellschaftlicher und menschlicher Entartung eintreten.

Als Zeitspanne der sog. **letzten Tage** kann die Zeit vom 1. Jahrhundert nach Chr. bis zu seiner Wiederkunft gesehen werden.

Paulus erinnert Timotheus noch einmal daran mit den Worten: „Dies aber wisse...!"

Obwohl das darauf Folgende alles andere als ermutigend ist, möchte Paulus hier als Erinnerung das vorhandene Wissen des Timotheus auffrischen, indem er ihm zuruft: „Eigentlich weißt du ja, dass . . ."

Danach lässt er eine lange Liste folgen, die der an die Gemeinde zu Rom ähnelt. (vgl.Rö.1,28-32)

Es handelt sich dabei um die Merkmale, an denen die Gläubigen erkennen können, dass die letzten Tage da sind.

1. Die Menschen werden **selbstzentriert** und von sich eingenommen sein, sie werden
2 **Geldliebend** = geldgierig sein,

Hier zielt Paulus noch einmal auf 1.Tim.6, 9+10 ab, wo er seinem Schüler deutlich machte, wohin ein solches Verhalten führt.

3. **prahlerisch** = sich höher als Gott stellen, dies wiederrum schließt

4. **hochmütig** mit ein. Das Prahlen ist das äußere Merkmal für Hochmut.

5. **Lästerer** = Schmähung und Beschimpfung eines Anderen durch Wort und Tat; hier die Beschimpfung Gottes (Jesu) = die menschliche Aburteilung im Widerspruch zur Wahrheit. (z.B. Jesus hat nie gelebt, er ist ein Lügner usw.)

6. **den Eltern ungehorsam** = entspricht dem heutigen Leitbild der Jugend gegenüber ihren Eltern. Dies trifft aber nicht nur in der sog. „Welt" zu, sondern in den letzten Tagen vor allem auch in sog. Christl. Familien.

7. **undankbar** = mit nichts zufrieden, immer mehr – und je mehr man hat, desto unzufriedener wird man. Aber auch Unzufriedenheit der Kinder gegenüber den Eltern und umgekehrt.

8. **unheilig** = gottlos; bezieht sich auf den gesamten Lebenswandel.

9. **lieblos** = jeder ist sich selbst der Nächste. Auch hier bestätigt Paulus die Worte Jesu, welche er über die Endzeit ausspricht. (Mt.24,10-12)

10. **unversöhnlich** = bezieht **lieblos** mit ein, und ist eine Folge daraus. Wo keine Liebe vorhanden ist, dort ist Versöhnung unmöglich.

11. **Verleumder** = im griech. steht hier das Wort „Diaboloi", was eigentlich mit „Teufel" wiedergegeben wird. Diabolos = Durcheinanderbringer; **verleumderisch = teuflisch**.

Auch dies ist eine Auswirkung dessen, wenn die Liebe erkalten wird. Dann hat der Teufel „leichtes Spiel!"

12. **unenthaltsam** (LÜ zuchtlos) = grenzenlos (im negativen Sinn).

Jegliche Grenze (Skrupel) wird bedeutungslos, da erlaubt ist, was gefällt.

Dies schlägt sich auf allen Lebensbereiche nieder, so dass sämtliche Hemmschwellen fallen.

13. **grausam** = eine Folge der Unenthaltsamkeit. Das griech. Wort beschreibt das Gegenteil von „gezähmt" = wild.

14. **das Gute nicht liebend** = beschreibt genau das Gegenteil von dem, wie sich ein wahrhaftiger Nachfolger Jesu verhalten soll (Tit.1,8).

Obwohl derjenige weiß, was das Gute ist und was es beinhaltet und von ihm fordert, tut er es nicht, sondern verwirft es absichtlich.

Es ist (wie alles Vorgenannte auch) Sünde in Gottes Augen. Denn Jakobus schreibt und erinnert die Gläubigen: *„Wer nun weiß Gutes zu tun und tut es nicht, dem ist es Sünde!"*   (Jak.4,17)

15. **Verräter** und
16. **Unbesonnen (unbedacht)** = rücksichtslos

Da im griech. vor beiden Begriffen die Silbe „Pro" steht, handelt es sich hierbei um zwei Lasterbegriffe, welche die Betreffenden auszeichnen wird.

Dies wiederum bedeutet, dass solche Personen an diesem beschriebenen Verhalten zu erkennen sein werden.

Es ist die schärfste Form des Egoismus, die Paulus hier beschreibt. Ein Handeln nach dem Motto „ohne Rücksicht auf Verluste!" (Ich, mir, meiner mich)

17. **aufgeblasen** = überheblich. Eine weitere Form des Hochmutes, worüber uns Gottes Wort nicht im Ungewissen lässt, wie sie enden wird. (Spr.16,18)

18. **mehr das Vergnügen liebend, als Gott** = Zwar spricht Paulus hiervon, dass diese Menschen Gott auch lieben, aber nur dem Schein nach, äußerlich, aber nicht wirklich. Hier steht das Weltliche im Vordergrund und nicht eine etwaige Verbindung zu Gott. Diese besteht, wenn überhaupt, dann nur „auf dem Papier." (vgl. christl. „Karteileichen")

19. **der Schein** (die eine Gottseligkeit haben ....)

Paulus redet hier sehr deutlich, dass es in den letzten Tagen mehr **Schein** als **Sein** wird, was die Beziehung zu Gott/Jesus betrifft.

„Ja, irgendwo muss es schon einen Gott geben," so der einvernehmliche Tenor, aber mit diesem Gott und seinem Sohn will man im Grunde genommen nichts zu tun haben. Man leugnet zwar nicht Gottes Existenz, seine Kraft (sein Wirken => Schöpfung) dagegen vehement.

Paulus gibt Timotheus den gleichen Rat, den er auch schon an die Gemeinde zu Rom gerichtet hat (Rö.16,17)

Timotheus soll unbedingt die Gemeinschaft mit solchen Irrlehrern vermeiden.

Auf den ersten Blick wirkt diese Anweisung des Paulus wie ein Widerspruch, hatte er seinem Schüler nur einige Verse vorher (Kap.2,24) geboten, gegenüber jedermann milde zu sein.

Paulus aber dachte an die vielen Kontakte und offiziellen Aufgaben, die der junge Missionar in Zukunft haben wird.

Daher geschieht dies zum Schutz des Timotheus, da sich sein Lehrer bewusst ist, dass solche Verführer sich bereits in der Gemeinde befinden.

Denn das Licht hat mit der Finsternis nichts Gemeinsames. (2.Kor.6,14)

V. 6-7:

Der Apostel zeigt seinem Schüler die gegenwärtige Situation auf, indem er ihn darauf hinweist, dass genau solche Irrlehrer es bereits geschafft haben, sich in die Häuser Ephesus' zu schleichen und sich dort derer habhaft zu machen, die besonders anfällig sind.

Dabei handelt es sich vorrangig um Frauen, die mit Sünde beladen waren und sich von mancherlei Begierden treiben ließen.

Der Begriff „lose Frauen" (EÜ) drückt die Verachtung gegenüber diesen Frauen aus, so dass die Vermutung nahe liegt, dass es sich bei den Betreffenden vielleicht um Huren handelte.

Die Weltlichkeit und Unreife dieser Frauen machte sie zu einer leichten Beute für die Irrlehrer.

Aus einer Unsicherheit und Unerfahrenheit (Leichtgläubigkeit) heraus stürzen sie sich auf alles, was eine neue Lehre beinhaltet.

Durch dieses Verhalten hofften sie, zur Erkenntnis der Wahrheit zu gelangen. Da sie aber Wahrheit und Lüge (Falschheit) nicht unterscheiden können, wird ihnen dies nicht gelingen.

Dagegen schreibt Paulus an dieselbe Gemeinde, in der sich Timotheus aufhält, (Ephesus), das Gott möchte, dass sie dazu sehr wohl im Stande sind, indem sie ein festes Glaubensfundament erhalten und somit nicht mehr länger *Unmündige* sind. (Eph.4,14)

V. 8-9:

Hier zieht der Apostel als Beispiel der Lügenfalle eine Begebenheit aus dem AT heran, die auch gleichzeitig als Ansporn für den jungen Timotheus dienen soll.

Jannes und **Jambres**, die beiden **Wahrsagepriester** (EÜ=> wörtl. Zauberer) des Pharao, sahen sich einer göttlichen Macht gegenüber, der sie mit ihren Zaubertricks zu widerstehen suchten. Sie verschlossen sich der Wahrheit, obwohl sie mit eigenen Augen erkennen mussten, dass die Macht, gegen die sie sich auflehnten, unsagbar stärker als die ihre war und ist. (2.Mo.7,10-12; 9,11)

Dieser Zustand herrscht auch dort in Ephesus unter den Irrlehrern vor, die es zwar verstehen, die Menschen in ihren Bann zu ziehen, aber aufgrund ihres gänzlich verdorbenen Denkens, zum wahrhaftigen Glauben, und damit als Lehrer der Wahrheit völlig ungeeignet sind.

Diese würden jeder Überprüfung nicht standhalten können.   (1.Tim3,10)

Paulus stellt einen Vergleich seines Schülers mit Mose dar.

Dieser Vergleich muss Timotheus neuen Schwung verliehen haben und ihm auch als Zuspruch gedient haben, trotz aller Probleme, wie sie auch Mose gehabt hat, den Blick von Gott nicht abzuwenden, sondern nach seinem Plan weiterzuarbeiten.

Denn, wie auch damals der Pharao und seine ganzen Diener Gottes Herrschaft letztlich anerkennen mussten, so wird auch der Einfluss und die momentane Macht dieser Irrlehren zu Fall kommen und die Gemeinde nicht länger in die Irre führen können.

Denn auch hier wird, wie bei diesen Zauberern, die Allmacht Gottes über die Dummheit der Irrlehrer siegen. Und es wird allen offenbar werden, was Lüge und was Wahrheit ist. (2.Mo.8,14)

Deshalb ruft Paulus in den nachfolgenden Versen auf zur Treue zum Glauben im Angesicht des Widerstandes.

V. 10+11:

Nachdem Paulus noch einmal klargestellt hat, wer letztlich siegen und wer unterliegen wird, wendet er sich wieder ganz persönlich an seinen Mitstreiter Timotheus mit den Worten: **Du aber**...

Er möchte sichergehen, dass sein Schüler nicht den Irrlehrern zum Opfer fällt, und ermahnt ihn daher erneut eindringlich.

Gleichzeitig stellt er Timotheus sein eigenes Ausharren und seine Glaubensfestigkeit als Beispiel vor Augen.

Ebenso hebt Paulus den grassen Gegensatz zwischen Lüge und Wahrheit heraus und erinnert seinen Schüler daran, dass ihm all das nichts Fremdes sein kann, weil er ja der Lehre des Paulus gefolgt ist, und daher bestens mit dem Leben, dem Streben, dem Glauben, der Langmut, der Liebe, der Geduld, in der Verfolgung und im Leiden und den vielen missionarischen Erfahrungen und Bewährungen vertraut ist.

Der Apostel scheut sich nicht, all diese Dinge noch einmal vor Timotheus auszubreiten und fügt gleichzeitig als Beispiele die Gemeinden an, die auch Timotheus noch sehr gut in Erinnerung haben muss, denn dort hatte er die ersten Begegnungen mit seinem Freund und Lehrer Paulus. (Apg,13,14+50-51; 14,5-6+19;16,1+2)

Aus all diesen Schwierigkeiten hat Gott, der HERR ihn errettet, weil er an ihm festhielt und nicht zu zweifeln oder zu verzagen begann.
(2.Kor.1,10)

V. 12+13:

Paulus belässt es aber nicht auf den Hinweis seiner Verfolgungen, sondern macht im Folgenden deutlich, dass die, welche Jesus wirklich nachfolgen wollen, (wörtl. die dazu wirklich entschlossen sind) ebenso mit Verfolgungen rechnen müssen.

Diese Erfahrung ist nicht etwa nur die des Paulus, sondern mit dieser Aussage bestätigt er die Worte Jesu, welcher sagt: *„Wenn sie mich verfolgt haben, werden sie auch euch verfolgen!"* (Joh.15, 20)

So muss sich Timotheus klarmachen, dass auch er mit Verfolgungen rechnen muss, um des Namens Jesu willen.

Im Blick auf die letzten Tage, versucht Paulus seinem Schüler klar zu machen, dass die allgemeine Lage sich immer mehr verschlechtern wird und dadurch der Druck auf die Christen ebenfalls zunimmt.

Aber die, welche bereits den Irrlehren unterliegen, diese werden durch immer größeren Irrtum letztlich keine Hilfe mehr erfahren. Denn diese Zauberer und Scharlatane wird, je länger der ganze Prozess dauert, der Weg, durch immer mehr Lüge, zur Wahrheit hin verwehrt sein.

Auch hier zeigt Paulus auf, dass genau das eintreten wird, was schon durch den Propheten Jesaja vorhergesagt wurde (Jes.6,9-10) und was Jesus ebenfalls bestätigte. (Mt.13,13)

Denn die Menschen werden sich abwenden von Gott und sog. anderen Göttern (Götzen) zuwenden.

V. 14+15:

Und nochmals beginnt der Apostel seine direkte Anrede an Timotheus mit den Worten: **Du aber**...

Er kristallisiert hier noch einmal den Unterschied heraus, der bei Gott schon immer galt und bis heute gilt. (Mal. 3,17-18)

Deshalb ertönt die Ermahnung des Paulus ein zweites Mal, nicht abzuweichen, sondern bei dem zu bleiben (daran festzuhalten), was er gelernt hat und wovon er überzeugt ist (LÜ: was ihm anvertraut ist).

Das anvertraute Gut des Timotheus stammt aus zwei Quellen, die Paulus gleichwertig nebeneinanderstellt.

1. aus seinem eigenen Zeugnis
2. aus der Heiligen Schrift
Diese umfasste zur damaligen Zeit nur das AT.

Das Vertrauen des Timotheus auf diese beiden Instanzen bewahrt ihn vor allem Straucheln und von allen Irrwegen.

Timotheus muss nach den Worten des Paulus den rechten Weg schon vor seiner Begegnung mit ihm erkannt haben und den erlösenden Glauben an Jesus angenommen haben. (Apg.16,1)

Denn nur durch den Glauben an Jesus Christus kann ein Mensch die Rettung durch die Heilige Schrift erfahren.

V. 16+17:

Die Schrift lehrt nach den Worten des Paulus den Weg zum Heil (od. zur Rettung). Diese Tatsache möchte Paulus seinem Schüler – trotz seines Wissens darüber – nochmals vor Augen führen.

Er erinnert Timotheus daran, dass alle von Gott eingegebene Schrift unfehlbar ist. Dies alles wurde zwar von Menschen aufgeschrieben, aber diese standen bei ihrem Schreiben unter der Kraftwirkung des Heiligen Geistes.

Dies widerlegt auch die These, dass die Bibel ein Märchen – oder Fabelbuch sei, wie es einige Menschen ja bis heute behaupten.

Weil in diesem Wort nichts als Wahrheit niedergeschrieben wurde, ist es auch nützlich zur Unterweisung in allen Lebenslagen und – Situationen.

Es ist das Richtige zur Überführung derer, die sich von falschen Lehren haben blenden lassen (2.Tim2,25), zur Zurechtweisung des Sünders (1.Tim.5,20), sowie zur Anleitung Neubekehrter zu einer gottgefälligen Lebensführung.

Überall ist das Wort Gottes eine Hilfe – und letztlich der Maßstab.

Gestützt auf dieses Wort, ist der Mensch Gottes (= jemand, der anderen in geistlichen Dingen voran gehen soll), fähig, allen Anforderungen zu genügen.

Trotz der hohen Verantwortung, die Paulus seinem Schüler abverlangt, vertraut er darauf, dass dieser sich von der Heiligen Schrift (und somit vom Heiligen Geist) leiten lässt.

Und er ist ebenfalls gewiss, dass Gott dem Timotheus durch das Wort alles geben wird, was er dazu benötigt, um seinem Amt gerecht zu werden.

Kap. 4:

V. 1:

Trotz all dieser Gewissheiten, derer sich Timotheus sicher sein darf, ist es seinem Lehrer Paulus das oberste Bedürfnis, ihn im Hinblick auf Gott, seinen Sohn Jesus Christus und dem kommenden Gericht Gottes, der Wiederkunft Jesu, sowie seiner Königsherrschaft, eindringlich zu ermahnen (wörtl. zu beschwören), in der Verkündigung nicht nachzulassen.

Dies ist der eindringliche Befehl des Paulus an seinen Schüler, im Blick auf die Wiederkunft Jesu, der wieder Erscheinen (*epiphaneian* => Epiphanias = Erscheinungsfest) wird, (Tit.2,13) um alle Welt zu richten und sein tausendjähriges Friedenreich errichten wird. (Offb.20,4-6)

V. 2:

Paulus führt seinem Schüler die zentrale Aufgabe eines Dieners Gottes vor Augen und fordert ihn auf, diese Aufgabe zu jeder gelegenen oder auch ungelegenen Zeit war zu nehmen. Dies setzt die Bereitschaft hierzu voraus.

Denn das Wort Gottes fragt nicht nach Zeit oder Unzeit, sondern ist ja in allen Bereichen des Lebens nützlich, da es vom Heiligen Geist gegeben und inspiriert ist. Dabei spielen die äußeren Bedingungen keine Rolle.

Auch der Geist Gottes ist von diesen Gegebenheiten unabhängig, deshalb kann und soll Timotheus zu allen Zeiten mit dieser Hilfe die Irrenden überführen und zurechtweisen.

Damit drückt Paulus aus, dass sein Schüler nichts von Gottes Wort zurückhalten soll (Apg.20,20) und umfasst den ganzen Dienst eines Dieners Gottes.

Alles in diesem Dienst muss aber mit aller Geduld und Lehre verbunden sein.

V. 3+4:

Paulus stellt die Dringlichkeit des Auftrags, den Timotheus hat, deutlich heraus, indem er auf eine Zeit verweist, die kommen wird, wo die Menschen die Lehre (Botschaft) zur Rettung sich nicht gefallen lassen werden.

Dies wird eine Zeit sein, wo die Menschen **bewusst** diese Botschaft gar nicht mehr hören wollen, sondern sich stattdessen dem zuwenden werden, was sie hören **wollen**.

Dabei spielt es für diese Menschen keine Rolle, ob sie belogen werden oder nicht.

Diese Zeit wird von Selbstsucht und der jeweiligen Laune der Menschen bestimmt sein, vom Bedürfnis der Unterhaltung, die ihren Ohren schmeicheln wird. Dabei werden sie bewusst von der Wahrheit weggeführt, hin zu irreführenden, aber sie faszinierenden Fabeln.

Es geht Paulus an dieser Stelle in erster Linie um die Neigungen der Menschen, die das Evangelium hören oder gehört haben.

Damit sich eine Irrlehre ausbreiten kann, müssen Sender und Empfänger auf derselben Wellenlänge sein.

Ganz offensichtlich war er in großer Sorge darüber, dass sich immer mehr genau dieser Irreführung hingeben werden.

V. 5:

Ein weiteres Mal bringt Paulus den scharfen Kontrast und muntert seinen Schüler auf: **Du aber...**

Damit drückt Paulus auch aus, dass er von seinem Schützling genau das Gegenteil des bisher gesprochenen erwartet, indem er sich der ganzen Problematik als nüchtern (besonnen) gegenüberstellt.

Wiederum verweist der Apostel auf seine eigene Standfestigkeit (Kap.1,8) und fordert seinen Schüler auf, ihm nachzueifern, indem er seiner Berufung als Evangelist nachkommt (Eph.4,11) und diese ausübt.

Damit weist Paulus den Stand der Berufung seines Schülers aus und bescheinigt ihm gleichzeitig, die Gabe der Verkündigung, die ihm von anderen Auslegern abgesprochen wurde, zu besitzen.

Ganz gleich, was um ihn herum passiert, Timotheus soll das Werk vollbringen, zu dem er berufen worden ist. (Kol. 3,23)

V. 6:

Mit den Worten „als Trankopfer ausgegossen" spielt der Apostel auf das Vergießen seines eigenen Blutes an und weist somit auf seinen Märtyrertod hin. Er ist sich bewusst, dass er sterben wird und dass diese Zeit nun da ist.

Ferner verweist er damit auf das Lammopfer, wie es von Gott im AT gefordert wurde. (4.Mo. 28,3-8)

Gleichzeitig ist dies für den Apostel aber ein zusätzlicher Beweggrund dafür, dass sein Schüler seinen Dienst ausrichten soll.

Paulus, der in einem römischen Gefängnis war, wusste, dass er nicht mehr freikommen würde.

Was damals, als er den Brief an die Gemeinde zu Philippi schrieb, noch in weiter Ferne war, wurde nun Wirklichkeit. (Phil.2,17)

V. 7+8:

Rückblickend gibt Paulus eine Beschreibung seines Lebens ab.

Er hat den Kampf für den Glauben und die Verkündigung gekämpft, denn dieser Kampf ist allein ein guter Kampf. (1.Tim.6,12)

Er hat den Lauf vollendet. ..... Paulus hat sein Leben für die Sache des Herrn hingegeben.

Sein Leben war nicht wichtig, sondern einzig und allein das, dass er es für Jesus einsetzen durfte. (Apg. 20,24; 21,13)

Er hatte genau das verstanden und gelebt, was schon Johannes der Täufer erkannte und sagte: *„ER muss wachsen, ich aber abnehmen!"* (Joh.3,30)

Er hat den Glauben bewahrt.....

Paulus hat daran festgehalten, was er einst von Jesus geschenkt bekam. Und er fordert seinen Schützling dazu auf, dieses kostbare Gut des Glaubens ebenso zu bewahren, indem er alles meidet, was mit dem Wort Gottes nicht vereinbar ist. (vgl. 1. Tim.6,20)

Die beiden ersten Wendungen, die Paulus hier verwendet, sind typisch paulinische Bilder aus dem Bereich des Sports (vgl.1.Kor.9,24-27).

Das dritte Bild hingegen bezieht sich wieder auf die gewissenhafte Pflichterfüllung gegenüber der ihm anvertrauten Wahrheit. (2.Tim1,13-14)

Weil Paulus treu war, hat er keine Angst, seinem Schöpfer, dem gerechten Richter, gegenüberzutreten.

Er ist sich dessen bewusst und sicher, dass dieser für ihn die Krone – den Siegeskranz, mit dem die Sieger früher bekränzt wurden – bereitet hat und er ist auch bereit, diesen von seinem HERRN zu empfangen.

Das Wort Gottes lässt uns hier erkennen, dass der Siegeskranz, in dessen Erwartung der Apostel ist, die Belohnung für seine Treue ist.

Dies bestätigen auch Jakobus in seinem Brief (Jak.1, 12) und der Seher Johannes in der Offenbarung. (Offb.2,10)

Voraussetzung ist die Bewährung in den Dingen, die wir im Auftrag und in der Kraft Gottes tun sollen.

Paulus gebraucht an die Gemeinde zu Korinth das Bild des Rennläufers und spornt die Gemeinde an so zu laufen, dass sie sich dieses Siegerkranzes als würdig erweisen, indem sie in dem Wettkampf als Sieger hervorgehen. (1.Kor.9,24)

Diesen Wettkampf hat er als Sieger beendet (vollendet), und ist sich deshalb siegessicher, an jenem Tag (d. h. wenn Jesus wiederkommen wird), zusammen mit allen anderen Gläubigen, seine Belohnung zu empfangen.

V. 9:

Paulus liegt sehr viel daran, dass Timotheus zu ihm nach Rom kommen soll, und das dies bald geschieht, da er nicht weiß, wie lange er noch am Leben ist.

Da die Überbringung dieses Briefes und die anschließende Reise des Timotheus einige Zeit dauern wird, könnte jede Verzögerung zu spät sein. Denn Paulus spürte, dass seine Hinrichtung kurz bevorstand.(vgl. V 6)

V. 10:

Da ihn sein ehemaliger Mitstreiter Demas verlassen hatte, war es der verstärkte Wunsch des Paulus, Timotheus so schnell als möglich wiederzusehen und an seiner Seite zu wissen.

Demas wird uns in Kol.4,14 und Phil. 24 als Mitarbeiter genannt.

Das Auffällige daran ist, dass er in seinem Tun nicht gelobt wird.

Auch gegenüber Timotheus lobt Paulus den Demas nicht, sondern sagt über ihn aus, dass ihm die gegenwärtige Welt wichtiger geworden ist, als sich auf die Wiederkunft Jesu vorzubereiten.

Die angebliche Sicherheit und Freiheit, sowie die Bequemlichkeiten dieser Welt, waren Demas wichtiger, als womöglich wie Paulus, in Verfolgung zu leben, oder gar wie ein Paulus zu leiden. Deshalb hat er ihn in Rom verlassen und ist lieber nach Thessalonich gereist.

Von seinem Mitarbeiter Kreszenz ist uns ansonsten nichts bekannt, als dass er, wie hier beschrieben, Paulus ebenfalls verlassen hat, um nach Galatien zu gehen.

Er und Titus sind aber nicht um der Welt Willen von Paulus gegangen, sondern um offenbar andere missionarische Aufgaben wahrzunehmen.

Kreszenz in Galatien, Titus in Dalmatien, dem früheren Jugoslawien.

V. 11:

Von seinem ganzen Mitarbeiterstab ist dem Paulus einzig Lukas, der geliebte Arzt(Kol.4,14) übriggeblieben.

Es handelt sich dabei um Lukas, der uns im Kanon der Bibel einen Evangeliumsbericht, sowie die Apostelgeschichte hinterlassen hat.

Er hatte Paulus auf vielen seiner Reisen begleitet und auch die erste Gefangenschaft in Rom mit ihm durchlebt.

Obwohl Paulus keine sehr guten Erinnerungen an Johannes Markus hatte (Apg.15,37-38), bittet er Timotheus nun, diesen dennoch mit nach Rom zu bringen, da er ihm nützlich zum Dienst scheint.

Wo sich dieser zu jener Zeit aufhielt, lässt sich nicht mit letzter Bestimmtheit sagen. Jedoch ist davon auszugehen, dass der Kontakt zueinander nie ganz abgebrochen war, da es dem Paulus ein Anliegen war, dass das Kommen seines Schülers schnell geschehen mag.

Zu welchem Dienst er Paulus nützlich sein konnte, geht ebenfalls nicht hervor.

Hier meinen einige Ausleger, dass Markus die lateinische Sprache sehr gut beherrschte, was dem Paulus in Rom sehr gelegen kam.

V. 12:

Tychikus (Apg.20,4) wurde von Paulus selbst nach Ephesus gesandt, um den dortigen Gläubigen Nachrichten zu überbringen und in seinem Namen dort zu sprechen. (Eph.6,21-22)

Diese Tatsache lässt für uns den weiteren Schluss zu, dass Paulus den Johannes Markus als Ersatz für Tychikus benötigte.

V. 13:

Der erwähnte Mantel, den Paulus offenbar bei Karpus in Troas zurückgelassen hatte, wurde ihm nun, vielleicht auch im Hinblick auf den einbrechenden Winter (V21) und einer kalten Gefängniszelle, wieder besonders wichtig. Deshalb bittet er seinen Schüler, an ihn zu denken.

Jedoch sind diese Einblicke, welche Paulus uns hier gewährt, auch was die Bücher, sowie die von ihm besonders wichtig erachteten Pergamente, rein spekulativ zu bewerten.

Vermutlich handelte es bei den erwähnten Pergamentrollen (= präparierte Tierhäute) um Kopien alttestamentlicher Abschriften.

Ebenso kann es dabei aber auch um andere, dem Apostel wichtige Unterlagen gehandelt haben.

V. 14+15:

Nun warnt Paulus seinen Mitstreiter vor Alexander, dem Schmied.

Dieser war vermutlich ein Kollege des Silberschmieds Demetrius. Dieser wiederrum schmiedete Götzenbilder und klagte Paulus in Ephesus vor versammelter Menge an, einen Irrweg zu lehren. (Apg.19,23-34)

Diesen hat Paulus zusammen mit Hymenäus dem Satan überliefert. (1.Tim1,20)

Besagter Alexander war wahrscheinlich für die erwähnte, tobende Menge mitverantwortlich.

Paulus ist sich dessen sicher, dass Gott ihn, sowie alle treulos handelnden nach ihren Werken vergelten wird. (Ps.62,13)

Es steht Gott allein zu, und nicht dem Paulus oder Timotheus über den Menschen zu urteilen, auch wenn sie ihnen gegenüber sich als Richter aufspielten.

Deshalb ist Paulus auch frei von dem Wunsch nach persönlicher Rache, da er weiß, dass der HERR gerecht richten wird. (Rö.12,19)

Der Erwähnte durfte dem Timotheus kein Unbekannter gewesen sein, was aber Paulus nicht daran hindert, noch einmal recht warnend auf seinen Schüler einzuwirken, da er mit diesem Alexander alles andere als gute Erfahrungen gemacht hat.

Dies tut Paulus, weil er in Sorge um Timotheus ist, dass dieser den Angriffen des Alexander ausgesetzt sein könnte.

V. 16:

Gemäß der damaligen, römischen Prozessordnung, war Paulus einmal vor Gericht erschienen, um sich zu verteidigen.

Dazu gab es zwar schon zur damaligen Zeit Anwälte, die für den Angeklagten sprachen, jedoch hatte Paulus weder einen Rechtsbeistand, noch irgendwelche Entlastungszeugen, die für ihn aussagten.

Alle hatten sie ihn verlassen, so dass er von keiner Seite einen Beistand erfuhr.

Dies geschah wohl weniger, um Paulus direkt zu schaden, als wohl mehr aus Furcht.

Denn inzwischen war es gefährlich geworden, in Rom ein Christ zu sein.

Schon einige Zeit vorher hatten römische Juden dem Apostel mitgeteilt, dass dieser Sekte überall widersprochen wird. (Apg.28,22)

Nachdem Nero Rom angezündet hatte, machte er die Christen zum Sündenbock für diese Tat und ließ viele von ihnen hinrichten.

Daher zeigt Paulus auch Verständnis für die Angst und äußert sogar die Hoffnung, dass es ihnen nicht zugerechnet werde.

Somit setzt Paulus auch hier das in die Tat um, wie es sein Herr und Meister Jesus tat. (Lk.23,34)

V. 17:

Paulus lässt sich durch die Ängstlichkeit seiner anderen Mitstreiter nicht beirren. Es ging und geht ihm primär darum, dass auch – oder gerade in Zeiten der Verfolgung und unter widrigsten Bedingungen (Rom) - die errettende Botschaft ausgebreitet wird.

Denn er ist sich bewusst, dass, was auch immer geschehen mag, der HERR bei ihm ist und er von ihm gestärkt und gekräftigt wird, auch wenn alle anderen ihn verlassen haben. (Mt.28,20)

Paulus war und ist es das größte Anliegen, dass alle Völker, ganz gleich welcher Rasse oder Volksgruppe sie angehören, das Evangelium hören.

Er vergleicht seine Situation mit der eines Daniels, der in der Löwengrube war. Weil auch er seinem Gott vertraute, ging er aus der Arena als Sieger. (Dan.6,28)

Dieses Bewusstsein hat auch Paulus in seinem Herzen, trotz seiner misslichen Lage.

V. 18:

Dieses Wissen bringt Paulus hier zum Ausdruck, obwohl er weiß, dass sein Tod durch Rom besiegelt ist.

Aber ebenso ist ihm klar, dass sein Tod nicht den Sieg Roms bedeutet, sondern seine Erlösung vom HERRN ist.

Und er proklamiert dies für sein eigenes Leben, dass der HERR ihn für sein himmlisches Reich bewahren wird.

Sein Blick war bereits vom Weltlichen weg, auf das Himmlische hin gerichtet.

Abschließende Grüße

V. 19+20:

Priska = Prizilla und ihren Ehemann Aquilla.

Hierbei handelt es sich um das Ehepaar, bei denen Paulus in Korinth zu Gast war. Dort arbeitete er eine Zeit lang bei ihnen, weil auch sie das Handwerk des Zeltmachers wie Paulus ausübten. (Apg.18,1-2)

Sie waren es auch, die den Juden und späteren Mitstreiter Apollos aus Alexandrien näher im Wort unterwiesen. (Apg.18,24-26)

Auch grüßt Paulus das ganze Haus des Onesiphorus, der sich nie seiner Ketten schämte und ihn oft erquickt hatte.

Auch war er es, der Paulus selbst in Rom oft besuchte. (Kap.1,16-17)

Erastus war ein alter Bekannter des Timotheus (Apg.19,22), dessen momentanen Aufenthaltsort von Paulus hier mitgeteilt wurde, weil Timotheus sich offenbar dafür interessierte.

Ebenso verhielt es sich wohl bei Trophimus, der aus Ephesus stammte. (Apg.20,4; 21,29)

V. 21:

Nochmals wiederholt Paulus seinen dringenden Appell von Vers 9 mit dem Zusatz „vor dem Winter."

Die Besorgnis des Paulus, seinen geliebten Schüler wiederzusehen, richtet sich wohl darauf, dass die Befahrbarkeit der Adria in der Winterzeit unmöglich war.

Von den nachgenannten Personen, Eubulus, Pudens, Limus und Klaudia ist uns keine bekannt. Vermutlich gehörten auch sie zur römischen Gemeinde.

Noch einmal wird deutlich, dass sich Paulus nicht von der Gemeinde distanziert hat, obwohl ihn alle im Stich gelassen hatten. (V16)

Deshalb bestellt er seinem Mitstreiter auch die Grüße der ganzen Gemeinde.

V. 22:

Seinen abschließenden Segensspruch richtet Paulus zunächst an Timotheus persönlich und anschließend an alle anderen Leser des Briefes.

Es ist die für die Paulinischen Briefe übliche „Unterschrift" des Apostels. (2.Thes.3,17-18)

Da wir davon ausgehen können, dass dieser Brief von Paulus während seiner zweiten Gefangenschaft verfasst wurde, so sind dies die letzten überlieferten Worte vor seiner Hinrichtung.

Der Titusbrief

Thematik

Neben dem **Zentralthema über Leiterschaft**, befasst sich der Brief als zweites **mit der Gnade**, aus der es den Kindern Gottes möglich ist, gute Werke zu tun. (Tit.2,11-3,8)

Zeit

Paulus schrieb den Titusbrief unmittelbar nach dem ersten Timotheusbrief.

Etwa im Jahre 63/64 n. Chr. brachen Paulus und Titus nach Kreta auf. Zuvor hatten sie Timotheus in Ephesus zurückgelassen. Während Paulus nach kurzem Aufenthalt auf Kreta wieder weiter reiste, blieb Titus als Seelsorger für die Gemeinden auf der Insel. (Tit.1,5)

Ein genaues Datum der Abfassung dieses Briefes ist nicht mehr festzustellen.

Kap. 1:

V.1:

Im Gegensatz zu den anderen Briefen, die uns von Paulus vorliegen, führt er sich im Titusbrief als **Knecht Gottes** ein. Dies ist jedoch kein Widerspruch zu der sonst bekannten "Vorstellungsformel" als **Knecht Jesu Christi.** Paulus schreibt in allen Briefen **aus der Verpflichtung Gott gegenüber, und mit der Autorität eines von Christus Beauftragten.** Daher fehlt der Titel **Apostel** (= Gesandter) in keinem seiner Briefe.

Beide, sich zu widersprechenden Titel **Knecht** u. **Apostel** haben jedoch ihre Berechtigung. Den Paulus geht es in seiner Lehre zum einen **um den Glauben der Auserwählten Gottes** (Kol.3,12), zum anderen um **die Erkenntnis der Wahrheit, die dem Glauben gemäß ist.** (1.Tim.2,4; 2.Tim.2,25)

Die Unterweisung in dieser Wahrheit ist ein unverzichtbarer Bestandteil des apostolischen Auftrags und diese Wahrheit ist in Jesus Christus offenbar geworden. (Joh.1,14)

Deshalb gebraucht Gott Paulus als sein Werkzeug, um die Wahrheit zu lehren, die zu einem gottgefälligen Leben führt. (vgl. 1.Tim.6,3)

Es ist dem Schreiber wichtig, im Auftrag Gottes und in der Vollmacht Jesu Christi **beides** zu erreichen: **Die Rettung und die Heiligung der Kinder Gottes.**

V. 2-3:

Auf diese Wahrheit ist das ganze Leben des Paulus ausgerichtet, denn sie vermittelt den Menschen nichts geringeres, als die Hoffnung auf das ewige Leben. Es ist die Hoffnung, die der Gott, der nicht lügt, durch sein Wort vor ewigen Zeiten seinen Kindern verbürgt hat. (4.Mo.23,19; Hebr. 6,17+18)

Aber erst jetzt ist es den Menschen möglich, zu einem vollen Verständnis dieser Verheißung zu kommen, und zwar durch die Botschaft, die der Retter (Heiland) - Gott dem Paulus zu predigen aufgetragen hat. Mit dieser Bezeichnung, die Paulus oft in seinen Pastoralbriefen verwendet (1.Tim1,1; 2,3: Tit.2,10; 3,4), verdeutlicht er nochmals klar, die Herzenshaltung Gottes gegenüber seinen Geschöpfen. **Gott möchte retten und nicht strafen.** Er hat einen Heilsplan, der von Ewigkeit her gilt.

V. 4:

Paulus, ein gebürtiger Jude, grüßt in Titus einen Griechen (vgl.Gal.2,3), mit dem er durch den gemeinsamen Glauben in eine enge familiäre Beziehung getreten ist. Wenn Titus als das "echte Kind" von Paulus bezeichnet wird, deutet dies darauf hin, dass besagter Titus seine Bekehrung dem Paulus verdankt.

Ebenso kann dieser Begriff auch auf das Bild Lehrer - Schüler bezogen werden - oder beides beinhalten. Auch bei Timotheus verwendet Paulus dieselbe Anrede (1.Tim.1,2).

Seine Grußformel ist typisch für die Pastoralbriefe.

Allerdings fehlt in den Timotheusbriefen der letztere Titel "Heiland." Paulus verwendet also im vorliegenden Brief den messianischen Hoheitstitel in gleicher Weise für die beiden ersten Personen der Trinität. (= Vater, Sohn) (vgl.Tit. 2,10,13; 3,4,6))

Voraussetzungen des Aufseherdienstes

V. 5:

So, wie Paulus seinen einstigen Schüler Timotheus mit der Verantwortung für die Gemeinde in Ephesus betraute (1.Tim.1,3), ließ er Titus auf Kreta zurück, damit dieser, ihre dort begonnene Missionsarbeit weiterführt, indem er all das, was noch fehlt (mangelt), in Ordnung bringt.

Dies tat er deshalb, weil er selbst es nicht mehr ausführen konnte, da er von dort schon bald wieder abreisen musste (GN ... was ich selbst nicht mehr ausführen konnte). Vor allem aber, sollte Titus für die einzelnen Ortsgemeinden Älteste einsetzen. (vgl. Apg.14,23)

Dafür gibt er dem Titus genaue Anweisungen, wie dies geschehen sollte und nennt ihm die genauen Kriterien, nach welchen die jeweiligen Männer zu berufen waren.

Da Paulus von Kreta nicht alles selbst zu Ende führen kann, macht er Titus zu seinem verlängerten Arm, indem er ihm alle Autorität überträgt.

Zwei Wortbedeutungen sind hier wesentlich:

Zum einen werden die Ältesten der Gemeinde mit dem griech. Wort *presbyteros* bezeichnet, welches ihren Status, nämlich das Älter sein im Geiste als andere Gemeindeglieder ausdrückt.

Aus dem griech. Wort **Presbyter,** ist das Wort (die Amtsbezeichnung) **Priester** abgeleitet.

Zum anderen aber auch als *episkopos,*(= Bischöfe, Aufseher), wodurch ihre Amtsbezeichnung, ihre Funktion betitelt wurde. (vgl. Apg. 20,28)

V.6:

Wie im 1. Timotheusbrief (3,2-7), führt Paulus im Folgenden genau die Qualifikationen auf, die ein Ältester der Gemeinde erfüllen muss. Gleichzeitig zeichnet er das Privat - und Familienleben eines solchen Mannes auf.

Untadelig: (Unangreifbar) Der Lebenswandel des Betreffenden, darf keinerlei Grund zur Klage oder zur Anschuldigung geben.

Mann einer Frau: Da im griech. Urtext hier ein Zahlwort steht, können wir davon ausgehen, dass hier *Mann, einer einzigen Frau* gemeint ist, was ein untadeliges =

unangreifbares Ehe- und Familienleben beinhaltet. Eine Scheidung beispielsweise würde den Ältesten angreifbar machen und ihn damit auf Dauer für ein solches Amt disqualifizieren.

Gläubige Kinder hat .... : Der Älteste muss seinem Haus in rechter Weise vorstehen.

Dazu gehört, neben einer entsprechenden Ordnung, auch der positive, geistige Einfluss, der vom Familienoberhaupt auf die ganze Familie übergehen soll. Daher soll er auch seine Kinder im Glauben erziehen, damit diese nicht in Verruf geraten, und mit ihrem ungläubigen Lebenswandel die ganze Familie in den Schmutz gezogen wird. Deshalb ist es Paulus wichtig, dass diese Kinder gläubig sind, damit die ganze Familie unangreifbar wird und es auch bleibt.

Wie in *1. Tim. 3,5* stellt Paulus auch hier die Verbindung einer Leitung in der Gemeinde mit der in der Familie her.

V. 7:

Von der vorher gebrauchten Amtsbezeichnung "**Ältester**" (presbyteros), geht Paulus nun zur Bezeichnung "**Aufseher**" = Bischof (episkopos) über.

Beide Begriffe sind für Paulus offensichtlich austauschbar und beziehen sich auf dasselbe Amt.

Das Wort Aufseher steht zwar hier in der Einzahl, jedoch verwendet Paulus dieses Wort als Oberbegriff.

Wir können davon ausgehen, dass die einzelnen Gemeinden nicht nur einen Aufseher (Ältesten) hatten.

Die aufgezählten Eigenschaften waren und sind von allen, welche ein solches Amt begleiten, einzuhalten und sollen in ihrem täglichen Leben erkennbar und sichtbar gelebt werden.

Als zwingende Vorbedingung hebt Paulus erneut die Untadeligkeit hervor, wie er dies bereits in **V 6** tat. Diese Eigenschaft ist nicht zuletzt deshalb so wichtig, weil der Bischof als *Haushalter* (**LÜ**) = Verwalter Gottes auftritt.

Wo der Ruf des Verwalters Schaden nimmt, fällt dieser Schaden auf das Ansehen Gottes zurück! Deshalb erweitert Paulus um fünf weitere Laster, denen sich der Bischof niemals hingeben darf:

Nicht eigenmächtig = eigensinnig sein

Dies bedeutet, dass bei einem Verwalter Gottes keine Arroganz oder Selbstgerechtigkeit zu finden sein darf.

Sein Wirken und Handeln muss stets dem Willen Gottes unterstellt sein, indem er sich nicht von Menschen Verherrlichen lässt.

Nicht ihm, sondern Gott gebührt alle Ehre und aller Lob!

Nicht jähzornig, nicht dem Wein ergeben, kein Schläger

Diese drei negativ formulierten Punkte, erfordern von einem Bischof eine **besondere Form der Selbstbeherrschung.** Auch dies kann er nur erreichen, wenn er sein völliges Vertrauen auf Gott und auf seine Hilfe setzt, da es sich auch hier um eine der Früchte des Geistes handelt (vgl. Gal. 5, 22)

Nicht jähzornig = nicht gewalttätig; nicht dem Wein ergeben = kein Säufer (LÜ), kein Schläger

Seine Selbstbeherrschung muss stärker, als alle Begierden und sein Zorn sein. Wie in allen Dingen, so muss auch hier für den Bischof *Jesus Christus* das Vorbild sein.

Jesus macht es in der Bergpredigt deutlich:

„Wenn dir jemand auf die rechte Backe schlagen wird, so halte ihm die andere Backe auch hin". (Mt. 5,39)

Das Verhalten eines Bischofs kann also nicht "Auge um Auge, Zahn um Zahn" lauten, sondern muss dem seines HERRN gleich sein. (vgl. 1.Petr.2,23)

Alle diese Verhaltensweisen betreffen nicht nur Älteste oder Aufseher, sondern die ganze Gemeinde. Allerdings haben die Ältesten und Bischöfe der Gemeinde auch hier die Vorbildfunktion!

Nicht schändlichem Gewinn nachgehend

Wie in 1.Tim.6,5 schreibt Paulus auch an Titus, dass das Amt eines Bischofs (=Hirten) einer Gemeinde, nicht mit einem Gewerbe gleich zu setzen ist.

Deshalb warnt er seinen Mitstreiter eindringlich, vor der falschen Motivation, eine Gemeinde zu leiten. Das Ziel kann und darf niemals Geldgier sein.

Das Gehalt eines Dieners Gottes war in damaliger Zeit durchaus attraktiv.

Deshalb mussten selbst die besten unter ihnen davor gewarnt werden, sich von persönlicher Besitzgier leiten zu lassen.

Dieser Aspekt war Paulus, und ist bis heute deshalb von so großer Bedeutung, weil moralischer Verfall sehr oft mit Irrlehren einhergeht.

Wer nur den eigenen Vorteil sieht, der ist schnell dabei, auch das Wort Gottes zu seinen Gunsten zu verdrehen.

Nach den negativen, zeigt Paulus nun seinem "echten Kind" die positiven Eigenschaften auf, die ein Leiter und Hirte einer Gemeinde unbedingt besitzen sollte.

V. 8:

gastfrei = ein offenes Haus (eine offenen Gemeinde) für jedermann.

Dies bedeutet, dass der Bischof einer Gemeinde jede Einzelperson gleich behandeln muss.

Es ist ein Handeln und Verhalten, ohne Ansehen der Person, wie es auch unser HERR, Jesus Christus, vorgelebt hat.

Er aß mit den Zöllnern und Sündern, weil er erkannte und sagte: *„Nicht die Gesunden brauchen einen Arzt, sondern die Kranken"*. (Lk.5,31)

Auch in diesem Verhalten hat der Bischof einer Gemeinde die Vorbildsfunktion, welche uns Jesus lehrt, wenn er sagt: *„Wer zu mir kommt, den werde ich nicht hinausstoßen"*. (Joh.6,37)

Das Gute liebend

Um das Gute zu lieben, ist es wichtig zu wissen, was in den Augen Gottes gut, und was böse ist. Da wir uns als Nachfolger Jesu nicht dieser Welt gleich stellen sollen (Rö.12,2), ist für uns nicht das „Gute" dieser Welt relevant, sondern das, was wir entsprechend unserer Erkenntnis aus dem Wort Gottes, als das Gute erkennen.

Und dies, und nichts anderes sonst, soll Titus – und somit auch wir lieben.

Dies bedeutet im Umkehrschluss, dass wir allem Negativen, allem schlechten absagen.

<u>Besonnen</u>

Andere Übersetzer haben hier das Wort „Ausgeglichen."

Wenn wir ausgeglichen sein wollen, so bedeutet dies, dass wir uns nicht der Hektik dieser Welt Preis geben => Rö.12,2!

Wenn wir uns treiben lassen, werden wir nie in die Ruhe kommen, in die uns Jesus hinein führen möchte. Dies bedeutet nicht, dass wir an unserem Arbeitsplatz keine Leistung zu erbringen haben, denn wir *sollen ja unseren irdischen Herren gehorchen* (Rö.13,1; Tit.3,1).

Bei all dem sollen wir aber besonnen handeln, in der Liebe und Ausgeglichenheit, die uns Jesus vorgelebt hat und die unser Maßstab sein soll.

Wenn dies zu unserem Maßstab wird, werden uns auch die anderen Dinge, wie gerecht, heilig, enthaltsam keine Fremdwörter sein.

Denn sie sind alle gemeinsam Früchte des Geistes (Gal.5,22-23), an denen die Welt den Christus in uns erkennen kann und wird!

Im Gegensatz zu all den Lastern, die Paulus in Vers 7 hervorhebt, ist es ihm wichtig, seinem treuen Weggefährten auch hier die richtige Spur aufzuzeigen, in der er und die ganze Gemeinde wandeln sollen.

Denn auch hier gilt das Wort Jesu, dass man die wahren Nachfolger an ihren Früchten erkennen wird! (Mt.7,16)

V.9:

Ein Ältester oder Bischof muss jedoch nicht nur in seinem Privatleben hohe geistliche und moralische Maßstäbe erfüllen, sondern er muss auch im Wort Gottes verlässlich sein.

Dies bedeutet, dass er in der Auslegung einer Bibelstelle oder eines – Textes nicht seine „Fahne nach dem Wind hängt," sondern dass er sich an das Wort der Lehre, welches zuverlässig ist, genau hält.

Dies macht ihn zu einem Bewahrer der Wahrheit.

Durch das Festhalten an der Wahrheit Gottes wird er befähigt, andere zurechtzuweisen, sie zu berichtigen und in der Liebe Jesu ihren Widerspruch zu Recht zu rücken.

Ferner befähigt ihn die Wahrheit Gottes, den Widersprechenden selbst zu überführen und ihm in aller Weisheit den rechten Weg zum Verständnis aufzuzeigen und auch dorthin zu führen.

Grundvoraussetzung ist die Vertrautheit des Ältesten mit der Wahrheit Gottes und die Fähigkeit, sie anderen weiterzugeben.

Paulus zeigt auch Titus, wie schon zuvor Timotheus, dieselben Anforderungen auf, um als Bischof oder Ältester einer Gemeinde vorstehen zu können.

V.10:

Er führt Titus die Irrlehrer vor Augen, die aufsässig (ZÜ ungehorsam) sind.

Dies bedeutet, dass solche sich der Wahrheit Gottes verschließen und ihr Denken und ihre Lehre nach ihrem eigenen Gutdünken einher geht.

Ihre Lehre besteht aus Nichtigkeiten, die mit der Wirklichkeit nichts zu tun haben. Deshalb nennt Paulus sie „hohle Schwätzer" und „Betrüger!" (vgl. Rö1,21-23)

Die größte Gefahr, so Paulus, stellen die Juden selbst dar, deren Lehren im Judentum (Beschneidung) wurzeln.

V.11:

Durch ihr Verhalten führen sie ganze Häuser (Gemeindeglieder) in die Irre, was wiederum zur Folge hat, dass dadurch in den Gemeinden ein nicht wieder gutzumachender Schaden entsteht. Deshalb ist diesen Irrlehrern das Maul (LÜ) zu stopfen, damit sie keinen Schaden mehr anrichten.

Die Gewinnsucht steht bei ihnen höher, als Gottes Wort.

Somit kann sie Paulus in zweierlei Hinsicht als Betrüger bezeichnen.

Sie verfälschen Gottes Wort und sie streichen für ihre Verführungen auch noch einen satten Gewinn ein.

Paulus gab Timotheus die Anweisung, sich von solchen Betrügern abzuwenden (2.Tim.3,5).

Die gleiche Verfahrensweise galt mit Sicherheit auch für Titus.

V.12:

Um dies alles Titus noch deutlicher vor Augen zu führen, zitiert Paulus einen Satz von Epimenides, einem kretischen Dichter und Philosophen aus dem 6. Jahrhundert v. Chr.

Dieser galt in dortigen Kreisen weithin als religiöser Prophet.

Durch dessen Zitat, welches Paulus hier wiedergibt, wurden die Kreter allgemein als die Lügner schlechthin bezeichnet.

Paulus wusste natürlich, dass es in den Gemeinden auf Kreta viele ehrenhafte Christen gab, aber er scheut sich nicht, trotzdem ihre eigenen Leute als Negativbeispiel anzuführen, wenn es darum geht, die Wahrheit zu verfälschen. Er wusste, dass den Kretern pauschal das Lügen zugeschrieben wurde. Deshalb ergänzt er:

„Dieses Zeugnis (des Epimenides) ist wahr" und macht damit deutlich, dass die Irrlehrer genau dem kretischen Stereotypen entsprechen.

V.13:

Er gibt aus vorgenanntem Grund dem Titus die strikte Anweisung, solche Irrlehrer, sowie die, welche ihnen verfallen sind, streng zu überführen, sich notfalls von ihnen abzuwenden (Tit.3,10).

Denn dem Einfluss der Irrlehrer kann, wenn überhaupt, nur dann begegnet werden, wenn diese selbst die rettende Botschaft von Jesus Christus annehmen.

Die scharfe Zurechtweisung des Titus soll sie dahin führen, damit sie „im Glauben gesund seien."

Dies bedeutet, dass Titus den Auftrag hat, für eine gesunde Lehre, ohne schädliche Einflussmöglichkeit zu sorgen. Es beinhaltet, dass er den Irrenden immer wieder in Liebe der Gemeinschaft der Glaubenden zuführen soll, damit dieser im Glauben gesundet und die Wahrheit erkennt.

V.14:

Im Gegensatz zum Evangelium, das von Gott kommt, kommt ihre Lehre von Menschen und besteht aus Fabeln oder purer Erfindungen, mit denen sich niemand abzugeben braucht (1.Tim1,4).

Diejenigen, welche die Irrlehren verbreiten, haben der Wahrheit den Rücken gekehrt. Und jeder, der auf diese Lehren hört, handelt ebenso! (vgl.Mk.7,6-9)

Was genau diese Gebote (GN Vorschriften) verboten, wissen wir nicht. Vermutlich handelte es sich aber um sog. Reinheitsvorschriften, die nicht von Gott, sondern Menschen gegeben waren.

V.15:

Denn Paulus geht hier auf die Reinheitsvorschriften ein, mit denen wahrscheinlich Speise-und Reinigungsvorschriften gemeint waren.

Er ruft seinen Lesern ins Gedächtnis, dass sie doch Jesus selbst gelehrt hat, dass Reinheit viel stärker eine innere Einstellung, als denn ein von äußeren Umständen abhängiger Zustand ist. (Mk.7,15; Lk.11,39+41)

Wer durch Jesus Christus innerlich gereinigt wurde, der kann durch nichts Äußeres verunreinigt werden!

Aber, wer innerlich unrein ist, verunreinigt alles, was er berührt.

Das Gefährliche an den Irrlehrern ist also, dass ihr Sinn (Denken) und ihr Gewissen unrein sind.

V.16:

Auch wenn sie von sich behaupten, Gott zu kennen und ihm nachzufolgen, so verfälschen sie mit ihren Handlungen (mit ihrem Tun) all das, was sie vorgeben.

Weil sie damit Gott und sein Wort verachten, sind sie innerlich unrein.

Diese innerliche Unreinheit macht sie äußerlich abscheulich und ungehorsam gegenüber Gott.

Deshalb sind sie unbewährt = untüchtig od. unbrauchbar für das Reich Gottes.

Sie wurden geprüft, und dann verworfen. (vgl. **Dan.5,26+27**)

Kap.2:

Nachdem Paulus aufgezeigt hat, was mit denen geschieht, die puren Erfindungen und Fabeln hinterherlaufen, mahnt er seinen Stellvertreter in der Gemeinde ganz persönlich.

Indem er ihm zuruft: **Du aber....** zeigt er ihm den Gegensatz auf, zwischen deren Lehren und der einzig wahren und beständigen Lehre, die Titus trotz aller Widersprüche frei verkündigen soll.

V.1:

Was aber dich betrifft, Titus, so unterweise du die Gemeinde in der „**gesunden Lehre.**"

Dies bedeutet, dass die Gemeinde gemäß dem Wort und Willen Gottes unterwiesen werden soll, denn diese Unterweisung ist unverfälscht und ohne Lügen.

Der Begriff kommt in den Pastoralbriefen sehr oft vor (1.Tim.1,10; 6,3 usw.) => LÜ **heilsamen Lehre!**

Dieser Begriff ist zweifach zu deuten. Zum Einen ist die Lehre, welche Titus seiner Gemeinde vermitteln soll, die einzig **heilsbringende Lehre**, im Sinne von wirklich gesund werden zum anderen wird in/durch diese Lehre allein **das wirkliche Heil in/durch Jesus Christus geschenkt** und erkannt.

Im Einklang mit dieser Lehre stehen ganz bestimmte Verhaltensweisen, welche Titus durch seine Lehre der Gemeinde nahe bringen soll.

Paulus ist es wichtig, durch diesen Brief einen Leitfaden zur Lebensführung im Sinne Gottes zu vermitteln.

V.2:

So wendet er sich verschiedenen Gruppen in der Gemeinde zu, zunächst an die „alten Männer," wobei er hier nicht nur die, welche auf ein langes Leben zurückblicken können meint, sondern auch die „geistlich Alten" meint, also die, welche schon lange im Glauben stehen.

Diese sollen *nüchtern* = zurückhaltend, maßvoll (vgl. 1.Tim3,2); *ehrbar* = ernsthaft, der Ehrerbietung wert, würdig (GN anständig); *besonnen* = umsichtig, rücksichtsvoll, selbstbeherrscht sein.

Neben dieser Reife ist es Paulus ebenso wichtig, dass sie eine gesunde Einstellung zu den drei christlichen Haupttugenden Glaube, Liebe und Geduld an den Tag legen, im Gegensatz zu einer kranken Einstellung, dies alles betreffend.

V.3:

Danach wendet er sich an die „alten Frauen", für die das zuvor Gesagte ebenso grundsätzlich gilt. Diese sollen nicht hinter dem Rücken anderer über Personen reden, so dass diese sich nicht wehren können (= *verleumden, verleumderisch sein*) => kein schlechtes Zeugnis über jemanden ausstellen (1.Tim.3,11), sondern ihr Verhalten soll dem Dienst am Heiligtum angemessen sein.

Dazu gehört auch, dass sich die Frauen nicht dem Alkohol, oder anderen Süchten hingeben sollen. Stattdessen sollen sie sich um ihre jüngeren Geschlechtsgenossinnen kümmern, und diese zum Guten anleiten.

➤ Die Gefahr in Süchte zu verfallen, sah man vor allem bei den Frauen, deren eigene Kinder schon erwachsen waren, und diese Frauen daher zum Teil einen größeren Rahmen von Freizeit hatten.

V.4+5:

Hier wird Paulus deutlicher, was er unter dem „Guten", welches er im Vers zuvor anreist, meint:

Die älteren Frauen sollen den jüngeren mit ihrem ganzen Erfahrungsschatz zur Seite stehen und können dies, nach der hier aufgezählten Liste des Paulus, in mind. *Sieben Bereichen* tun.

Sie sollen die jüngeren Frauen anleiten, (1) **ihre Männer** und (2) **ihre Kinder zu lieben**, (3) **besonnen** und (4) **keusch** = rein zu sein, (5) **häuslich** (wörtl. Im Hause beschäftigt = ihr obliegt die völlige Überwachung dessen, was im Hause geschieht > vgl. Spr.31,27), (6) **gütig** = nicht hartherzig oder geizig in ihrer Haushaltsführung (GN **großzügig** vgl. Mt.20,15), sich im Übrigen (7) **ihren Männern unterordnen**.

Dies alles ist nicht etwa als Strafe für die Frauen gedacht, sondern zu ihrem Schutz.

Denn wenn die Frauen und Mütter diese guten Eigenschaften besitzen, so verhindern sie mit ihrem Verhalten, dass das Wort Gottes verwässert wird. Sie beugen so einer Verwirrung des Wortes in ihren eigenen Familien vor.

Dies wiederum bringt ihnen die Achtung auch von Außenstehenden ein.

Paulus macht hier deutlich, dass Frauen und Mütter die Säulen der Familie sind!

V.6:

Auch die jungen Männer werden, ebenso wie die Frauen, zur Besonnenheit gemahnt.

Dabei soll Titus selbst, nach den Worten des Paulus, mit gutem Beispiel voran gehen, damit jeder an seinen guten Werken **den Vater im Himmel erkennen** kann. (**vgl. Mt.5,16**).

Gemeinsam gilt es, die Worte unseres HERRN Jesus in die Praxis umzusetzen.

Deshalb erhält Titus, der selbst noch ein junger Mann war, von Paulus den direkten Rat, selbst als gutes Beispiel voran zu gehen. Er soll Vorbild (griech. typos) für die anderen sein, vor allem für seine Altersgenossen. (vgl. 1.Tim.4,15+16)

Der Begriff >Besonnenheit< zieht sich wie ein roter Faden durch die Pastoralbriefe.

Paulus muss also selbst die Erfahrung gemacht haben, dass es sich hierbei um eine Tugend handelt, die vielen Menschen – hier vor allem den jungen Leuten – oft abgeht.

Da Paulus diesen Begriff aber sehr häufig verwendet, macht er uns deutlich, wie wichtig Mäßigung, Vernunft und Rücksichtnahme für uns Christen sind.

V.7+8:

Der untadelige (= nicht anfechtbare) Lebenswandel, welchen Titus als Vorbild vorzuleben hat, soll aber nicht allein in seinem Leben sichtbar sein, sondern auch in der Lehre, in den Worten, die Titus weitergibt.

Der Widersacher soll weder am Leben des Titus, noch an seinen Worten eine Angriffsfläche entdecken. Stattdessen soll durch den ganzen Lebenswandel des Titus (Leben & Lehre), die Gegenseite so beschämt werden, dass sie nicht den geringsten Anhaltspunkt findet, den Christen irgendetwas Schlechtes nachzusagen.

Dies wird den Teufel zwar nicht von Angriffen abhalten, aber dort, wo er nichts ausrichten kann, flieht er! (Jak.4,7)

V.9+10:

Was für Titus und die ganze Gemeinde gilt, macht auch vor den damaligen Sklaven (Knechten) nicht halt. Diese sind genauso dazu aufgerufen, mit ihrem ganzen Leben Gott zu ehren!

Damit ihnen dies möglich ist, gibt Paulus seinem Schüler fünf Anhaltspunkte mit, zu denen er die damalige Dienerschaft anleiten und ermahnen soll

➢ sie sollen sich ihren Herren in allen Dingen unterordnen
➢ ihrer Herrschaft gegenüber wohlgefällig zu sein
➢ ihr nicht zu widersprechen
➢ nichts veruntreuen oder unterschlagen (=stehlen)
➢ sich in allem als gut und treu zu erweisen

Damit macht Paulus deutlich, dass das Verhalten des Gläubigen im Einklang mit der Lehre unseres Retter-Gottes stehen muss.

Der Sklave schuldet seinem weltlichen Herrn vom weltlichen Standpunkt aus gesehen, nichts von all dem. Jedoch ist die Situation aus gläubiger Sicht eine ganz andere.

Der gläubige Sklave dient letztlich nicht seinem irdischen Herrn, sondern seinem Herrn und Retter Jesus Christus, der ihn am Ende belohnen wird! (**Kol.3,23+24**)

Daher muss er sein Leben völlig auf die Nachfolge Jesu ausrichten und soll durch sein Verhalten, das völlig frei von Anstößigkeiten ist, seinen wahren HERRN ehren!

V.11+12:

Bis hierhin hat Paulus seinen Glaubensgeschwistern deutlich zu machen versucht, dass die göttliche Wahrheit nach einem gottgefälligen Leben verlangt.

Nun hebt er den zentralen Aspekt dieser Wahrheit, aus dem heraus ein solcher Lebenswandel erst möglich wird, hervor: **der Gnade**!

Er sagt, dass diese heilbringende Gnade Gottes allen Menschen erschienen **ist**!

Dies bedeutet, dass es sich hierbei um eine abgeschlossene Handlung dreht, nämlich der Menschwerdung Jesu und seines Erlösungswerkes.

Dies alles ist bereits geschehen und wird nicht irgendwann einmal eintreten!

Das Wesen und Ziel dieser sichtbar gewordenen Gnade ist es, nicht nur den Juden, sondern **allen Menschen** zur Rettung zu dienen!

Diese Gnade erzieht und ermahnt uns zugleich dazu, unsere bis dahin geführte Lebensweise zu verändern bzw. von Gott verändern zu lassen.

Das daraus erwachsende gottesfürchtige Leben entsteht, wenn wir damit aufhören, menschlich – weltliche Vorstellungen und – Vorgehensweisen als non – plus – ultra zu betrachten, und stattdessen danach streben, nach Gottes Maßstäben im Verhältnis zu uns selbst, unseren Mitmenschen und schließlich Gott selbst zu leben.

Denn Gott möchte uns da hineinführen, dass wir

➢ besonnen
➢ gerecht
➢ gottesfürchtig

leben. Dies sind seine Maßvorgaben, die für jeden Menschen durch seine Gnade erreichbar werden!

V.13+14:

Paulus weist darauf hin, dass uns dies alles im Blick auf das Kommende nicht schwer fallen wird, wenn wir uns nicht allein auf das Irdische beschränken.

Denn wir haben als Gläubige eine Hoffnung, die über das Irdische hinaus geht und die bereits jetzt als Glückselig zu bezeichnen ist, weil sie die ganze Fülle des Segens in sich birgt.

Denn bei der Wiederkunft Jesu (griech. epiphaneia = wörtl. Erscheinung) wird es sich um eine Erscheinung der göttlichen Herrlichkeit handeln, so wie die erste eine Offenbarung seiner Gnade war (vgl. V11).

Dann wird Jesus in seiner vollen Herrlichkeit, seiner Majestät und Erhabenheit offenbar werden.

Der, auf den die Christen sich freuen dürfen, ist derselbe, der sich auch für sie hingegeben hat! (Mk.10,45)

Jesus zahlte diesen Preis für ein heiliges = (von der Welt) abgesondertes Volk.

Die vollkommene Erlösung, die er auf diese Weise erwirkt hat, bedeutet unsere Reinigung von jeglicher Sünde, zum Volk seines Eigentums. (vgl. Hes.37,23)

Dieses Volk wird die Werke dessen tun, der ihnen Vorbild, Herr und Erlöser in einer Person ist! (Jh.14,12)

V.15:

Wieder direkt an Titus gewandt, fordert Paulus ihn auf, die in den Versen 1-10 genannten Aspekte eines „Gott wohlgefälligen Lebens" zu lehren und zu verkündigen.

Genau wie Timotheus, so soll auch Titus in seinem Dienst völlig unerschrocken und geradlinig vorgehen.

Dabei soll er mit allem Nachdruck die Gemeinde ermahnen und überführen und sich seiner Autorität in Christus wohl bewusst sein und sich von niemandem einschüchtern lassen. (1.Tim4,12)

Da Paulus wusste, dass auch Titus, wie sein Mitstreiter Timotheus noch sehr jung war, ahnte er wohl auch, dass eine negative Beeinflussung sehr leicht möglich war.

Deshalb spornt er Titus an, fest zu bleiben, nicht wankelmütig zu werden – auch wenn so mancher vielleicht sagt, dass ein so junger Mensch ihm nichts zu sagen habe.

Kap. 3:

V.1+2:

Wie auch bei uns heute, so war und ist es als Hirte einer Gemeinde immer gut und ratsam, seinen Schafen immer von neuem das vor Augen zu führen, was sie bereits wissen.

Und da den Kretern der Ruf eines aufrührerischen Volkes anhing, gibt Paulus die Anweisung an Titus, dass er sie in der Liebe Jesu daran erinnern soll, der staatlichen Macht sich zu unterwerfen.

Dies bedeutet, dass sie auch – oder vor allem als Christen- pflichtbewusste Bürger ihres Landes sein sollen.

Um diesen Pflichten gottgefällig zu genügen, führt Paulus **sieben Eigenschaften** auf, durch welche sich die Nachfolger Jesu von der restlichen Welt abheben.

- ➤ der Gewalt der Obrigkeit sich zu unterwerfen und
- ➤ gehorsam zu sein (vgl. Rö.13,1)
- ➤ zu allem guten Werk bereit (vgl. Eph.2,10)
- ➤ niemanden zu lästern (LÜ verleumden)
- ➤ mit niemanden zu streiten (vgl. 1.Tim.3,3)
- ➤ milde (= gütig) zu sein
- ➤ sanftmütig allen Menschen gegenüber zu sein

Ein solches Leben lässt sich nicht aus dem Stegreif leben. Aber es erwächst und wächst aus der Erkenntnis und dem Begreifen der göttlichen Gnade.

Wer diese Gnade erfasst hat, der wird sein Leben von Gott so gestalten und führen lassen!

V.3:

Zu keinem Zeitpunkt vergaß Paulus den Zustand, aus welchem er und die von ihm Bekehrten errettet worden waren und ruft es der Gemeinde mahnend ins Gedächtnis.

Denn, bevor sie die Gnade Jesu kannten, waren sie das genaue Gegenteil von dem, was sie jetzt sind und lebend in die Tat umsetzen dürfen.

Damals waren Unverstand, Ungehorsam, in die falsche Richtung laufend, Unbeherrschtheit und Gier das Aushängeschild ihres Lebens.

Statt von Friedfertigkeit, Besonnenheit und Demut erfüllt zu sein, lebten sie in Bosheit und Neid, waren von anderen verhasst und hassten einander.

So beschreibt das Wort Gottes ein Leben, das fern von Gottes Liebe und Gnade dahinvegetiert.

Schnell ist der oberflächliche Glanz, der sich dem Anschein nach über die nackte Fassade gelegt hat, verblichen und vergangen, wenn sie von der Wahrheit Gottes durchleuchtet wird.

Die sündige und unerlöste menschliche Natur kann vor diesem Licht nicht bestehen, trotz ihres oberflächlichen Strahlens.

Die Wahrheit Gottes aber durchdringt allen Schein, und das tatsächliche Sein tritt hervor!

V.4+5:

Als aber die Güte (LÜ Freundlichkeit) und Menschenliebe Gottes, der aller Menschen Retter sein will (Heiland Gott = Retter Gott), in das Leben jedes Einzelnen trat, veränderte sich die ganze Situation radikal.

Durch diese Worte hebt Paulus den deutlichen Unterschied zwischen dem Handeln der Menschen und dem Wirken und Handeln Gottes hervor.

Während noch im Vers zuvor die ganze Situation durch das Handeln von Menschen bestimmt wird, ist er in den folgenden Versen (bis V 7) nur der Empfänger, und **Gott** handelt.

Was Menschen nicht selbst für sich tun können, hat Gott für sie unternommen.

Gott rettet in/durch seine Gnade diejenigen, die an ihn glauben und nicht, wegen der eigenen Gerechtigkeit der Menschen. **Eine solche, menschliche Werksgerechtigkeit ist bestandlos vor Gott!** (vgl. Rö.3,21-24)

Vielmehr war und ist es die Barmherzigkeit Gottes, die uns die zweifache Gnade der Errettung zuteilwerden lässt. Diese zweifache Gnade umfasst

➢ die Wiedergeburt, welche Paulus hier als eine Waschung oder Bad bezeichnet, in dem alle Sünden abgewaschen werden

➢ die Erneuerung durch od. im Heiligen Geist (vgl. 2.Kor.5,17)

V.6+7:

Paulus erinnert von neuem daran, dass der Heilige Geist bereits in die Welt ausgegossen ist. Und dies in reichlichem, überschwänglichem Maße, durch unseren Retter Jesus Christus! (vgl.1.Joh.4,9)

Jesus war der Mittler des Geistes. (Apg.2,33)

Bewusst spielt Paulus hier auf die Geschehnisse von Pfingsten an. (Apg2,17)

Gottes Ziel bei der Ausgießung des Hl. Geistes war es, dass die Gläubigen Erben des ewigen Lebens würden, die ER zuvor durch seine Gnade gerecht gemacht hat.

Der Heilsplan Gottes und das Wirken des Hl. Geistes sind untrennbar miteinander verknüpft. (Rö.8,15-17)

Was Gott in seiner Gnade begonnen hat, wird er durch das Wirken seines Geistes auch in seiner Gnade vollenden!

V.8:

Titus, und alle, die es hören sollen wissen, dass das ihnen so verkündigte Wort **zuverlässig** (LÜ gewisslich wahr) ist. Deshalb soll Titus auch mit allem Nachdruck darauf bestehen!

Es ist das unumstößliche Fundament für alle, die Jesus als ihren Retter angenommen haben und der Maßstab in und für alle Fragen.

Deshalb wiederholt Paulus hier die Aussage noch einmal, die er Titus gegenüber bereits im Kapitel zuvor zweimal ausgesprochen hat. (Kap.2,1+15)

Weil dies gut und nützlich für die Menschen ist, soll Titus die zum Glauben gekommenen dazu „erziehen" und sie darin fördern, gute Werke gemäß der Heilsamen Lehre zu vollbringen. (vgl.Jak.2,20+23)

V.9:

Paulus zeigt auch hier sofort nach dem Nützlichen, das Gegenteil, also das Unnützliche auf.

Weder die endlosen Diskussionen um irgendwelche Meinungsverschiedenheiten, noch das Beharren auf Geschlechtsregister, mit denen die Juden ihre Einheit// Reinheit behaupten wollten und somit andere Volksgruppen ausschließen/ausgrenzen wollten (vgl.1.Tim.1,4), noch irgendwelche anderen Zänkereien und Streitigkeiten das Gesetz betreffend, sind förderlich noch dienlich!

Deshalb erhält Titus hier die klare Anweisung,, solches tunlichst zu vermeiden.

Da dies alles wertlos (= fruchtlos) und unnütz ist, soll Titus seine Zeit effektiv nutzen und sich und die ihm Anvertrauten zu Frucht bringenden Taten führen.

V.10+11:

Als **Sektiererisch** (LÜ ketzerisch) sind die Menschen einzustufen, die wissentlich und aus eigenem Willen eine andere Lehre annehmen und diese verbreiten.

Paulus gibt Titus auch hier genaue Anweisung, indem er ihm dies übermittelt, was Jesus selbst für einen solchen Fall gelehrt hat (vgl. **Mt. 18,15-17**)

Ein solcher Mensch braucht weder gutes Zureden, noch endlose Diskussionen, sondern Ermahnung!

Wer wissentlich falsche Lehren aufbringt, hat über sich selbst bereits das Urteil gesprochen.

Er ist nach ein bis zweimaliger Zurechtweisung von der Gemeinschaft zu meiden.

Dies ist auch als Schutz der Gemeinde zu verstehen, damit etwaigen Irrlehren der Boden zur Verbreitung so schnell als möglich entzogen wird.

Persönliche Mitteilungen und Grüße

V.12:

Wie üblich schließt Paulus auch diesen Brief mit einigen persönlichen Bemerkungen und Grüßen. Zwar schreibt er nichts, von seinem derzeitigen Aufenthaltsort, jedoch geht aus dem Text hervor, dass er beabsichtigte, nach Griechenland, genauer nach Nikopolis zu gehen, um dort den Winter zu verbringen.

Da Paulus schreibt, er wolle **dort** hingehen und nicht von *„hier" schreibt*, ist davon auszugehen, dass er sich zur Zeit der Abfassung dieses Briefes nicht in Nikopolis aufhält.

Titus sollte ebenfalls dorthin reisen, um sich mit Paulus zu treffen, sobald dieser Artemas und Tychikus als seine Ablösung nach Kreta gesandt hatte.

Artemas ist uns bis zu diesem Zeitpunkt ein Unbekannter.

Tychikus hingegen war ein treuer Reisegefährte des Paulus. (vgl. Apg.20,4)

Dieser war als Abgesandter des Paulus nach Ephesus (Eph.6,21-22) und nach Kolossä gesandt worden (Kol.4,7-9), um den dortigen Gemeinden Bericht zu erstatten.

V.13:

Auch der Rechtsgelehrte Zenas wird sonst nirgendwo im NT erwähnt.

Apollos hingegen ist uns sehr wohl vertraut, als bekannter Mitarbeiter des Paulus.

Diese beiden scheinen sich nach den Worten des Paulus gerade auf Kreta aufzuhalten.

Denn Titus erhält von Paulus die Anweisung, beide **mit Sorgfalt für die** (bevorstehende) **Reise** auszurüsten und danach zu sehen, dass es den beiden an nichts fehlt.

Sie waren im Pastoralen Reisedienst und wurden daher von den Gemeinden, zu denen sie kamen, unterstützt. (vgl. **3.Joh.6-8**)

V.14:

Noch einmal abschließend hebt Paulus die Bedeutung des Bemühens mit guten Werken voran zu gehen hervor.

Dies tut er aber nicht, weil die Gläubigen sich damit etwa ihre Erlösung verdienen könnten, sondern deshalb, weil sie anderen nützen.

Es ist ihm wichtig, dass die, welche Frucht hervorgebracht haben, dafür sorgen, dass weitere und größere Früchte entstehen.

Früchte des Geistes sollen sich multiplizieren!

Titus soll alles dafür tun, damit dies geschehen kann.

Dazu gehört, mit guten Werken (gutem Beispiel) voranzugehen. (vgl.Eph.4,28)

V.15:

Wer zu diesem Zeitpunkt nun bei Paulus gewesen ist, ist unklar.

Titus soll an alle Grüße bestellen, die **im Glauben** (LÜ **durch den Glauben**) lieben.

Dies schließt eindeutig diejenigen aus, die falsche Lehren verbreiten.

Der Glaube war das einigende Band der Liebe. (vgl. 1.Tim.1,2)

Die abschließende Grußformel entspricht dem 1. u. 2. Timotheusbrief.

Paulus war sich dessen sicher, dass nicht nur Titus diesen Brief lesen würde, sonst hätte er nicht das Wort „**euch**" gebraucht.

Abschlussbemerkungen

Dieser Kommentar erhebt keine Vollständigkeit oder gar eine Unfehlbarkeit des Niedergeschriebenen.

Und dennoch ist er als Hilfe und Orientierung für Lehre, Predigt oder Hauskreis gedacht.

Mein erster Dank gebührt Gott, dem Vater, dem Sohn und dem Heiligen Geist!

Herzlich danken möchte ich ebenso meinem lieben Freund und wunderbaren Bruder im HERRN, Dr. Herbert Ros, für seine wunderbaren, einleitenden Worte, sowie allen seinen ermutigenden und segenreichen Ratschlägen!

Herzlichen Dank auch allen, die durch Gebet zum Gelingen dieses Buches beigetragen haben!

Ferner danke ich all denen, die dieses Buch segensreich gebrauchen.

In der Liebe Jesu herzlich verbunden

Helmut Steitz